関西
地学の旅 ⑩
Kansai Roadside Geology

自然環境研究オフィス 編著

街道散歩
Kaido Sanpo

東方出版

はじめに

　近畿地方は歴史の中で都が長く置かれていたことや、伊勢神宮、熊野本宮大社や高野山などの重要な神社仏閣があったことから、それらへの往来・参詣の経路として多くの街道が発達してきました。当時の街道は現在では改良されたり、付け替えられたりして国道や高速道路などに変わっていきましたが、その中で、当時の面影を残している部分も多くあります。それらの街道を歩いてみると当時の面影が浮かんでくるような感じがします。時代をさかのぼって街道を行く旅人になった様な気分で歩いてみることもできるでしょう。

　歩くことは体にとってもっとも基本的な健康法でもあります。無理せず少しの距離を歩くプチウォーキングからはじめてみましょう。そのときにただ歩くだけでなく少し見学できるところがあると、歩くこともより面白くなるでしょう。

　近畿地方には地学的な見所もたくさんあります。地学は地球のことを学ぶ教科で高等学校にこの科目が置かれています。しかし、どこの学校でも置かれているわけではないので、学ぶ機会がなかった方も多くあるでしょう。地学には地震・火山・地球内部・鉱物・岩石・地形と地質・地球の歴史・気象・天気・気候・海洋・惑星・恒星・銀河・宇宙などの内容が含まれます。これらの内容を見ると地学が野外科学であることがわかります。

　野外で見られる自然現象はほとんどが地学に関係していま

す。そのために野外から学ぶことができるといえるでしょう。中でも街道と活断層はその位置がほとんど同じ場合が多いので、本書では特に章を起こして記しました。

　街道を歩きながら時代をさかのぼって歴史を学ぶともに、街道付近にある地学的な見所を見学することは野外で地学に触れる機会になるでしょう。

　本書が地学を学ぶ機会のなかった方や学んだけれど、すでに忘れてしまった方など、多くの方に街道を歩きながら思い出していただくきっかけになれば幸いです。

自然環境研究オフィス代表　柴山元彦

●目次

はじめに 1

京街道 7
伏見周辺　酒どころの名水散策　7
守口付近　いにしえの治水事業　11

西国街道 15
摂津富田～大山崎　有馬－高槻構造線を行く　16
伊丹～西宮　阪神間の酒造所めぐり　21

東高野街道 26
八幡周辺　男山から見る京都　26
柏原～古市　大和川の歴史をしのぶ　30

熊野街道＜大阪編＞ 34
八軒家～住吉大社付近　上町台地を南へ　34

熊野古道＜紀伊半島編＞ 39
和歌山市～海南市（その1）　緑の石と青い石　40
和歌山市～海南市（その2）　古道の石畳が残る道　42
宮原・湯浅付近　醤油のふるさと湯浅へ　45
中辺路付近　熊野詣のメインルート　49
串本・古座付近　奇岩怪石が続く景勝地　53
新宮周辺　まちなかに浮かぶ島　58

和歌山街道　62
　松阪市波瀬〜月出付近　中央構造線付近を歩く　62
磐船街道　66
　磐船神社周辺　渓谷にある巨大な石　66
山の辺の道　70
　三輪周辺　大和三山を見晴らそう　70
山田道　73
　飛鳥周辺　不思議な石造物めぐり　73
山陰街道　78
　夜久野周辺　噴火でできた高原　78
丹後街道　82
　天橋立周辺　日本三景の1つをめでる　82
山陽道　86
　明石市周辺　明石海峡をながめながら　86
　姫路市周辺　姫路城で使われている自然石　90
篠山街道　94
　亀岡市周辺　京から篠山へ向かう峠越え　94
但馬街道　99
　城崎周辺　地形・地質の博物館　99
有馬街道　105
　有馬温泉周辺　有馬-高槻構造線の西端　105
四国街道　109
　岩屋付近　大阪湾を東にのぞむ　109
北国街道　112
　木之本・余呉湖付近　琵琶湖北部まち歩き　112

鯖街道　117
　出町柳〜大原　高野川をさかのぼる　117
　花折峠〜栃生周辺　寛文地震による崩壊跡　122

西近江街道　125
　安曇川付近　扇状地の平野部　125

中山道　128
　草津・近江八幡付近　近江富士と宿場町　129
　武佐宿〜五個荘　伝説の大森林　133
　醒井宿〜柏原宿　清流に咲くバイカモ　135

水分れ街道　140
　柏原付近　日本一低い分水界　140

古代の街道　144
　竹内峠周辺　竹内街道を歩く　146

街道と活断層　149
　関西の街道は歴史が古い　149
　活断層とは　149
　断層の種類　150
　断層と街道の関係　151
　主な活断層と街道　152

　おわりに　157

掲載街道一覧

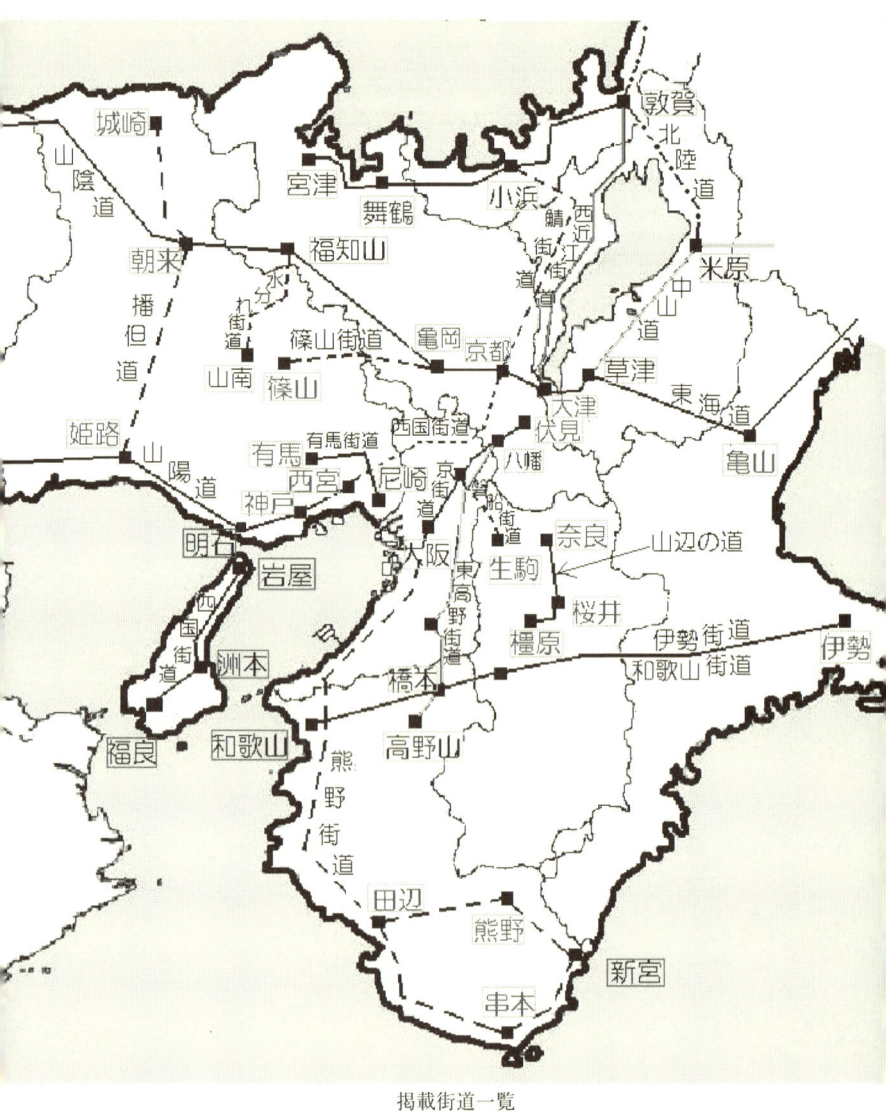

京街道

　京街道とは大阪高麗橋から京都伏見へとつながる街道で、守口、枚方、淀の3宿を経て伏見までの間をいいます（約50km）。豊臣秀吉は大阪城と伏見城を最短距離で結ぶため、文禄年間に淀川堤防を改修して文禄堤を造り、それを街道にしました。

　東海道57次が成立しても、豊臣ゆかりの関西では「京街道」あるいは「大阪街道」と呼んで、あえて東海道という表現を使わなかったといいます。

──────── 伏見周辺 ────────

酒どころの名水散策

　　最寄り駅：京阪本線伏見桃山～淀
　　歩く距離：約8km（ほぼ平坦な道）

　伏見桃山駅から京街道を大阪方面へ歩き始めます。まず、この駅のすぐ東側にある御香宮神社に寄って行きましょう。

　次に伏見桃山駅から京街道を西へ200mほど行ったところを南に入ると白菊水という地下水が湧き出ているところがあります。白菊水からさらに西に行くと黄桜酒造がやはり地下水を汲めるようにしてくれているところがあり、その地下水は伏水と呼ばれています。

京街道伏見付近

　さらに京街道を南へ進むと旧伏見港の川岸に着きます。その付近は現在三栖閘門が造られ周辺は公園になっています。

　この閘門から京街道は宇治川の右岸に沿って延びています。国土交通省の淀川工事事務所の横を通り、新高瀬川の橋を渡ると京大防災研究所が見えてきます。

＜この街道付近の地学的見所＞

　◎名水百選「御香水」

　御香宮神社は平安時代から香りの高い名水が湧き出ることでも有名です。本殿の左側に御香水と呼ばれる湧き水が出ていて、わざわざこの水を汲みにこられる方も多くあります。硬度の低い軟水で口当たりもよく、伏見周辺には多くの造り酒屋がありこの湧き水と同じ地下水を利用しています。

　◎白菊水

　この湧水は鶏料理の店「鳥せい本店」の駐車場にあり、道行

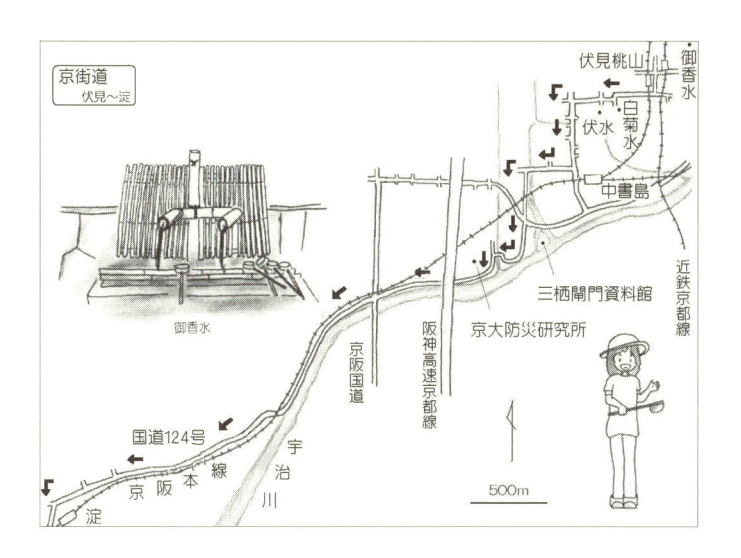

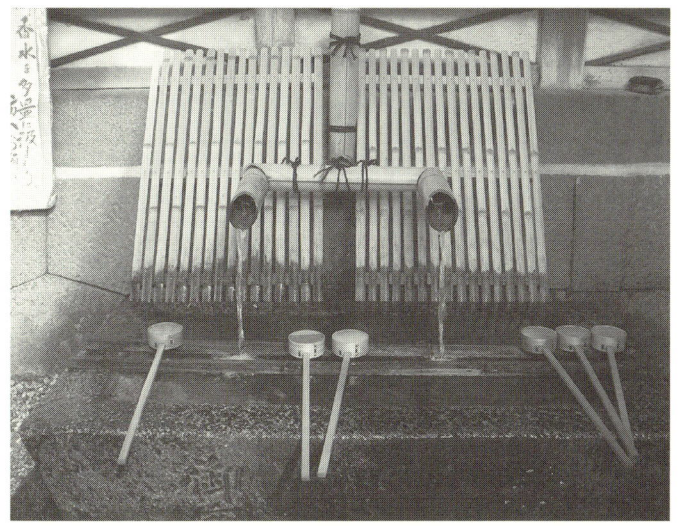

御香水

白菊水　　　　　　　　　　　伏水

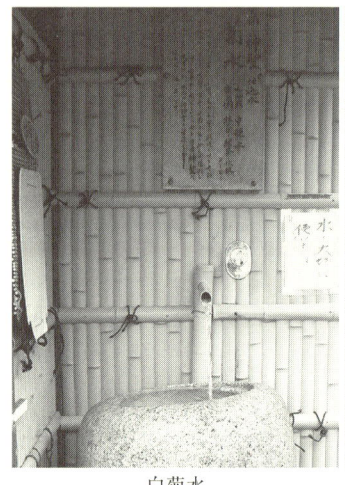

く人々に開放されています。古く仙人の育てた白菊の一滴より湧き出でたということから「白菊水」と名づけられました。水汲みに訪れる人が絶えずいつも行列ができています。

　鳥せいは老舗造り酒屋の山本本家が始めた、大正初期の酒蔵をそのまま利用したクラシカルで落ち着いた雰囲気の店です。店内では冷えた白菊水を自由に飲むことができます。

◎伏水

　黄桜酒造が酒蔵を改装し設けたお酒のテーマ館は、CMやお酒に関する資料の展示の記念館や、できたての地ビールが頂ける黄桜酒場など5つのゾーンからなっています。湧水があり「伏水」と呼ばれています。昔、伏見で湧き出た水は「伏水」と呼ばれていたことから名づけられました。

　＊伏見の名水については本書の姉妹本『関西地学の旅4　湧き水めぐり1』を参考にしてください。

◎三栖閘門資料館

　陸の交通が不便であった江戸時代では、京都から大阪へは淀川の舟が重要な輸送手段でした。その港となっていた伏見港は「京都の玄関口」として栄えていました。しかし1918（大正7）年に淀川改修工事が行われ、宇治川右岸の観月橋〜三栖の間の堤防工事により、伏見港と宇治川との船の通航ができなくなりました。このため、淀川へとつながる宇治川と濠川との間を船が通航できるよう、1929（昭和4）年、宇治川と濠川との合流地点に三栖閘門を建設しました。

◎淀駅へ

　京大防災研究所の正門前を通り宇治川の堤防を西へ歩いていきます。それを進むとやがて淀競馬場の向こうに京阪電車淀駅が見えてきます。　　　　　　　　　　　　　　　　（柴山）

――――――――― 守口付近 ―――――――――

いにしえの治水事業

　　最寄り駅：京阪本線守口市〜京阪バス太間公園口
　　歩く距離：約8km（ほぼ平坦な道）

　京阪守口市駅で下車をし、北側に出ると目の前に陸橋が見えてきます。文禄堤の名残です。上にあがり整備された歩道を東の方向に向かって進み、旧国道1号八島交差点に出ます。国道を渡らずに交差点を右に進みます。四つ辻を左に折れ、盛泉寺の方に向かいます。再び、旧国道1号と出合ったところが浜町交差点です。この交差点を渡り、歩いていくと守口一里塚跡や

かつての京街道の様子を描いたレリーフがあります。さらにバス道を歩いて阪神高速の下をくぐると淀川堤防の上に出ます。ここがかつての京街道です。堤防を京都に向かって歩いていきます。鳥飼仁和寺大橋の下を通り、淀川新橋の手前くらいに来ると茨田樋跡公園と書かれた小さな案内板があります。そのまま進むと茨田堤跡石碑です。淀川新橋を通り過ぎ、枚方土木事務所太間排水機場に着いたら、少し歩いて太間公園口バス停まで行くと京阪寝屋川市駅行バスがあります。

＜この街道付近の地学的見所＞

◎文禄堤

豊臣秀吉が伏見城築城にあたり文禄3年（1594）に淀川左岸に堤防道路を築きました。その後、文禄5年に大改修を行い完成させたのが文禄堤です。守口市駅の北側に見える陸橋がその名残です。現在でもこの陸橋を中心に高さ5ｍ、幅50ｍほどで約1㎞残っています。陸橋下を通る道路の歩道部分に石垣の法面部分があります。この石垣部分が文禄堤の幅です。この文禄堤の上を京街道が通っており、その後の京都大阪を結ぶ陸路が大発展を遂げたのもこの文禄堤のおかげだといわれています。

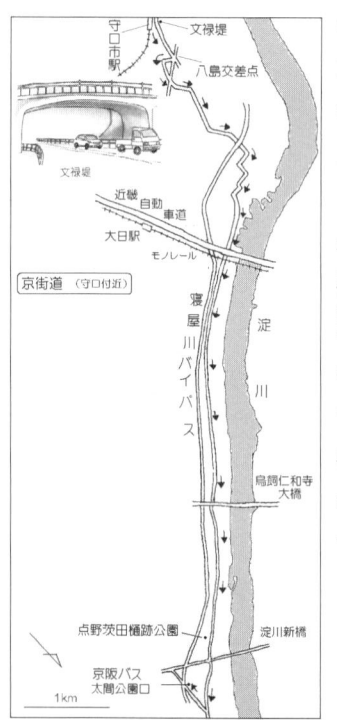

文禄堤を使った陸橋

点野茨田樋跡公園

茨田堤跡碑

京街道　13

◎点野茨田樋跡公園

江戸時代、淀川左岸に農業・生活用水を淀川から引き込む用水樋門が多くありました。この茨田樋門もその1つで、1905（明治38）年に造られました。台風などで大水が出たとき堤防決壊の恐れがあるので1930（昭和5）年から使用されなくなりました。現役として働いているときは付近一帯の寝屋川市西地区をはじめ、遠くは門真市や守口市の住民生活も支えていました。遺構が現存しているのはこの場所だけとなっています。淀川堤防上を国道1号線かつての京街道が通っていました。その敷地内に大きな銀杏の木が植えられ、今では目印となっています。このあたりの堤防は昭和初期、淀川拡張工事に伴いかさ上げ工事が行われました。堤防横にはかさ上げ用土砂を運んだトロッコ列車の線路跡が残っています。

◎茨田堤跡石碑

点野茨田樋跡公園のすぐ近くに茨田堤跡を示す石碑が淀川堤防の上に建っています。茨田堤は日本最古の治水工事（仁徳11＝323年）といわれ、『日本書紀』には「北の河のこみを防がむと茨田堤を築く」と書かれた記録が残っています。それにはこの工事が非常な難工事で、2人の人柱まであったことや、仁徳天皇13年には茨田屯倉が設置されこのあたり一帯を朝廷が管理・運営していたことが記録として残っています。京阪大和田駅の近くにある堤根神社境内裏にフェンスで囲まれた堤20mあまりが保存されています。この碑は1974（昭和49）年に「淀川百年記念」事業の一環として建てられたものです。　（芝川）

西国街道

　呼称には多少の混同があり、時代により異なっていますが、京都〜西宮間は、歌舞伎の演目の1つである「仮名手本忠臣蔵」五段目の『山崎街道鉄砲渡しの場』の題目にもあるように別名として、山崎街道や唐街道とも呼ばれることもあります。そして西宮〜下関間を狭義での西国街道、大阪〜尼崎〜西宮間は中国街道などと呼称する場合が多いようでした。

　現在では、西国街道というと平安京朱雀大路の南端に建っていた羅生門を起点として、山崎宿（大山崎町・島本町）・芥川宿（高槻市）・郡山宿（茨木市）・瀬川宿（箕面市）・昆陽宿（伊丹市）・西宮宿（西宮市）の6宿の区間を指し、西宮から西を山陽

風情が残る西国街道

道とすることもあります。国道171号、国道2号に沿うように京都と西宮の間を結んでいて、国道に沿った街並みの中に生活道路として多くが残っています。

　＊羅生門跡は東寺から西に500mほど歩いたところにあります。

———————————摂津富田〜大山崎———————————

有馬－高槻構造線を行く

　最寄り駅：JR京都線摂津富田〜山崎
　歩く距離：約10km（平坦路）

JR摂津富田駅で下車し、高槻市バス停留所「JR富田駅」から「南平台経由奈佐原」行きバスに乗ります。「今城塚古墳

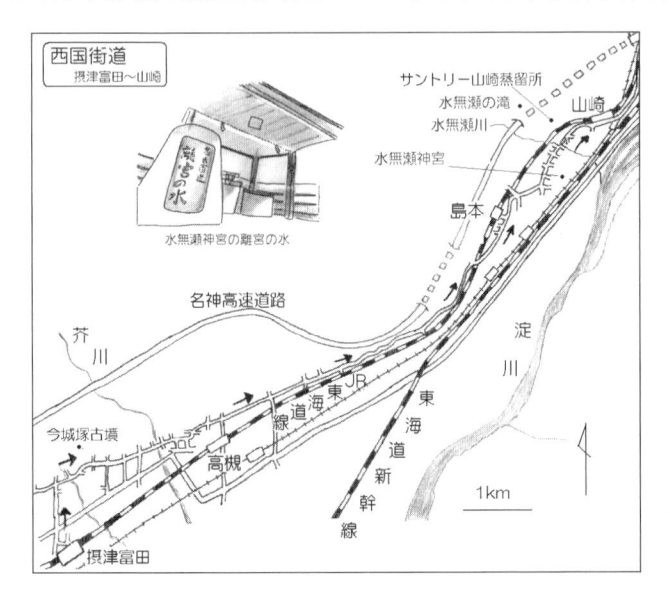

今城塚古墳

前」で下車すると目の前に今城塚古墳公園が見えています。

　今城塚古墳公園から南に向かい50mほど歩くと西国街道に出ます。ここからは東に向かって歩き芥川橋を渡ります。この橋を越えるとかつての「芥川の宿」となります。今も残る「芥川一里塚」や「芥川の宿」の面影を見ながら宿を通り過ぎ、JR京都線に沿うように西国街道を歩いていくと大山崎の名神高速道路やJR京都線、阪急京都線がすぐそばを通るようになります。このあたりは有馬－高槻構造線によってできた地形に沿って歩くことになります。JR島本駅、桜井駅跡（かつての街道に30里ごとに設けられた馬など旅に必要なものを備えた施設）を過ぎると水無瀬神宮への参道が見えてきます。西国街道を離れて参道に入り水無瀬神宮を訪れた後、再び西国街道に戻り水無瀬川を渡ります。JR山崎駅が見えてきたら、線路下のトンネルをくぐって北側に出ます。サントリー山崎工場が建っています。山崎工場に入る道を進んでいくと椎尾神社があります。椎尾神

社から元来た道を戻り、JR山崎駅まで歩くことになります。

<この街道付近の地学的見所>

　◎伏見地震で崩れた今城塚古墳

　今城塚古墳は淀川流域では最大級の前方後円墳で、全長約350m、全幅約340mにもおよぶものです。第26代継体天皇（531年没）の御陵と考えられています。日本最大の家形埴輪（高さ約1.7m）や武人や力士、巫女、馬、鶏などの埴輪が発掘されています。墳丘に登ると伏見地震（1596年9月5日発生）により崩れた跡を見ることができます。伏見地震は近畿を襲ったマグニチュード7.5と推定される直下型地震で、有馬－高槻構造線を震源としたと考えられています。特に京都や伏見で被害が大きく、豊臣秀吉が築城したばかりの伏見城天守閣と石垣が倒壊し、城内だけで500人あまりが圧死したとされています。また堺でも600人あまりの死者が出たとされています。

　古墳公園の北側には、古墳整備に伴い建てられた今城塚古代歴史館があります。3世紀から7世紀の「古墳時代の三島」をテーマにした展示がされており、付近一帯で出土した実物の埴輪などを展示しています。

　開館時間：午前10時～午後5時（入館は4時半まで）

　休館日：月曜日・祝日の翌日・12月28日～1月3日

　入館料：無料、特別展などの場合には有料となる場合あり

　◎離宮の水

　大阪府で唯一環境庁選定の名水百選に選ばれたところです。承久の乱で隠岐に流された後鳥羽上皇がこよなく愛した天王山の麓に湧き出る清水です。水無瀬神宮は後鳥羽上皇の離宮址に

離宮の水

建てられたもので、この境内の井戸が離宮の水です。

　神社の横を流れる水無瀬川は、河床を水が流れていない川で、このように地表に現れていない水の流れを伏流水といいます。水無瀬川は硬い岩石からなる天王山を源としています。そしてその岩石の上を固結していない地層が覆っています。そのため地表に降った雨水は地下に浸透し地表を流れず伏流水となって水無瀬神宮の地下を流れています。

　離宮の水は伏流水として、この固結していない地層の中を通るときに適度なミネラルと遊離炭酸を取り込むため、まろやかなコクのある味になっています。秀吉もこの水を愛飲し、今も境内では盛んに茶会が行われています。また、この宮水を求めて多くの人が水汲みに訪れています。

　◎山崎の水

　椎尾神社の名水は山崎の水といわれ、背後の天王山から湧き

出ている水です。本殿のすぐそばに湧水があります。

神社への参道のそばには日本のウイスキーの故郷といわれるサントリー山崎蒸留所があります。

ウイスキー醸造に使われている水は椎尾神社の湧水と同じ天王山から湧き出ています。

サントリー山崎蒸留所内の湧き水

敷地内の最深部となる椎尾神社のすぐ隣には名水が湧き出ている日本庭園が造られています。工場見学をすると庭園も見学することができます。

＜足をのばせば＞

◎JT 生命誌研究館

芥川の宿から少し北に行ったところにある博物館です。HPによる施設の紹介文には次のように書かれています。【「生きてるってどういうこと？」生きものを見つめ、研究し、その過程や成果を表現することを通して、自然・生命・人間について考える場です。】

◎水無瀬の滝

水無瀬川の支流で天王山から流れる滝谷川にかかる滝です。名神高速道路に沿った脇道を入ったところにあり、約20m の

落差で2段の滝となっています。涸れることもなく流れ続けているため、昔は簡易水道の水源としても利用されていました。藤原定家の『明月記』には、後鳥羽上皇が水無瀬離宮に来られたときにこの滝も見に来られたことが書かれています。

(芝川)

―― 伊丹～西宮 ――

阪神間の酒造所めぐり

　最寄り駅：阪急伊丹～阪神西宮
　歩く距離：約10km（平坦路）

　阪急伊丹駅から東に5分ほど歩くと酒蔵を中心とした「みやのまえ文化の郷」に到着します。老松丹水を見学後、再び伊丹駅に戻り、伊丹小学校の東の道を北に向かって道なりに歩くと猪名野神社が見えてきます。神社の北西の端と伊丹北中学校の間には伊丹断層によってできた地形

を見ることができます。伊丹北中学校の東側に沿ってさらに300mほど北に進むと、春日丘3丁目と春日丘6丁目の四つ辻に出ます。

この四つ辻を左折すると西国街道となります。道なりに歩き続け、西国街道の標識などに注意しながら、門戸厄神駅を過ぎ東川の堤防に着いたら西国街道から外れて500mほど西にある広田神社に向かいます。広田神社で湧き水を見学した後、来た道を西国街道に戻ります。そこから、歩くことおよそ30分で札場通りとの交差点に出ます。ここから阪神西宮駅はすぐです。阪神西宮駅前には阪神・淡路大震災を忘れないために、地震発生時刻を示すモニュメント時計があります。

モニュメント時計

＜この街道付近の地学的見所＞
◎老松丹水

　酒蔵を中心とした「みやのまえ文化の郷」に隣接して老松酒造の井戸があります。井原西鶴の文にも伊丹の酒造業のことが出てきます。江戸時代当時のまま地下95mから汲み上げられている老松丹水は醸造用の中軟水の井戸水です。元禄10年(1697)に帯刀を許された伊丹の酒屋は江戸幕府の官用酒を造り、「御免酒」と称しました。「老松」は「御免酒」の中でも最も格式が高く、宮中奉納酒、将軍の御膳酒として特に有名でし

老松丹水井戸

た（老松丹水井戸利用時間：月曜日から金曜日9：00〜17：00）。

◎伊丹断層

　猪名野神社の北西端と伊丹北中学校の間を伊丹断層が西に向かって伸びています。少しわかりにくいですがこのあたりだけ道路の傾斜が急になっていることで断層による地形のずれがわかります。また、伊丹北中学校の前の道を西に進むと断層によってできた段差の違いを見ることができます。この段差は過去の地震によってできたものです。

◎広田神社の御神水

　西国街道の標識に注意しながら歩き、門戸厄神駅を過ぎ東川の堤防に着いたら西国街道から外れて500mほど西にある広田神社に向かいます。

　この神社は、「京の都」の西にある重要な神社ということで「西の宮」といわれ西宮の地名の由来にもなっています。境内は約53000㎡もの広大な敷地を誇り、森のような自然が今でも

伊丹断層によってできたとされる段差

残っています。湧き水はお手水場の奥に「御神水」の表示があります。竹垣で囲まれた中に井戸があり、その横脇から管で水が汲めるように作られています。量は少しずつですが、清らかな水を汲むことができます。また、神社境内の北側にも湧き水があります。

<足をのばせば>

◎宮水発祥の地

　阪神西宮駅から札場筋を南に進み、国道43号線と阪神高速神戸線が通っている西宮本町交差点を渡ると宮水の案内板があります。ここから南一帯は酒造りとして有名な「灘五郷」といわれる場所で、多くの酒造会社が集まっています。この中に宮水発祥の地を表す石碑が立っています。各酒造会社も日本酒を造るための湧き水井戸を所有しています。それらの井戸にも「宮水」という銘が入っています。

宮水公園

◎甲山

広田神社の横を走る道を北に3kmほど歩くと兵庫県立甲山森林公園があります。中にある西宮市立甲山自然環境センターの甲山自然学習館では甲山の自然について学ぶことができます。

甲山は、今から約1500万年前に六甲山系をつくっている花こう岩を突き破って地表に噴出した安山岩と呼ばれるマグマ起源の岩石からできている山です。緻密な岩石になっているため、周囲にあった花こう岩が風化によって侵食されてもこの部分だけが残り、現在みられるようなお椀を伏せたような形をしています。この部分はかつての火道（マグマの通り道）であったことがわかっています。

(芝川)

東高野街道

　東高野街道とは、京都から高野山への参詣道として用いられた街道で、数ある高野街道のうち、一番東側に位置する道筋です（約56.5km）。八幡（木津川の御幸橋）で京街道と分かれ、洞ヶ峠を経て大阪府を南下、四條畷神社、石切神社と交差し、富田林市を抜けて河内長野で西高野街道と合流しています。合流後は高野街道として紀見峠、橋本、高野山へと続いています。

東高野街道

―――八幡周辺―――

男山から見る京都

　　最寄り駅：京阪八幡市～京阪バス高野道
　　歩く距離：約5.6km（山道からほぼ平坦な道）

八幡市駅から男山ケーブル（全長400m・所要時間2分半・片

道200円）に乗り換え、男山山上駅に行きます。石清水八幡宮（本宮）は、ケーブルを下車して右ルート、左ルートどちらからでも行けます。男山展望台は左ルートからすぐです。石清水は、本社から表参道沿いの石清水社にあります。山の中腹で、松花堂跡の近くです。表参道や男山散策路などから歩いても上れます。

＜この街道付近の地学的見所＞

◎**男山**

男山は標高142.5m、淀川の左岸に位置し、右岸の天王山と相対して京都盆地の八幡西の門戸をなし、かつては京・難波間の交通の要地でした。ここは京の都から見て、裏鬼門（西南の方角）に当たる重要な位置になっており、鬼門（東北の方角）に位置する比叡山延暦寺とともに都の守護、国家鎮護の社として篤い崇敬を受けてきました。男山全体、麓一帯が日本三大八幡宮の1つ石清水八幡宮の境内になっています。男山には竹林があり、エジソンがこの竹を使って白熱電球の長時間点灯、実用化に成功しました。そのゆかりにより、「エジソン記念碑」が建てられていま

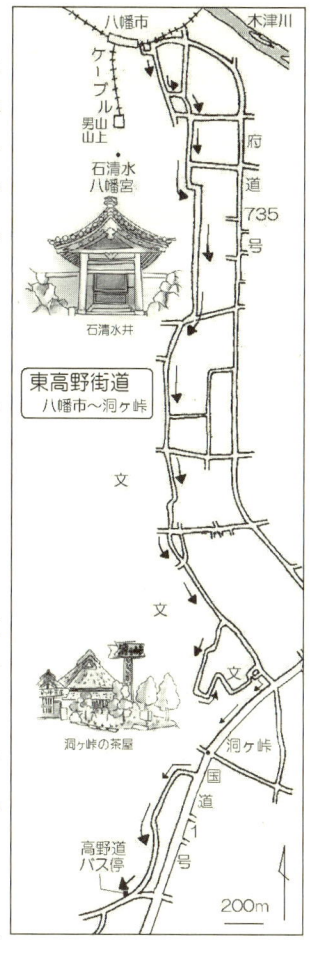

石清水八幡宮

す。また『徒然草』には仁和寺の法師が、念願であった石清水八幡宮へ参拝に訪れますが、山麓の神社やお寺を山上の本宮と勘違いし、本宮をお参りせずに帰ってしまったことが書かれています。

　男山は北部と南部の2つに分けられます。北部は約2億年前の砂岩や泥岩で造られ、南部は徐々に低くなり丘陵に続きます。この丘陵は約100万年前の地層や段丘れき層で造られています。

◎三川合流

　男山展望台から北の景色が見えます。天王山から愛宕山、比叡山と山々が続き、京都市街地、醍醐などが見渡せます。木々で少し見にくいかもしれませんが、手前は木津川、その奥が宇治川、桂川です。3つの川が合流して淀川になります。桜の季節は左眼下に背割堤の桜が見えます。木津川にかかる御幸橋の向こう側が背割堤です。木津川の背を割る形で宇治川の流路が

三川合流。手前から木津川、宇治川、桂川

付け替えられてできたので背割堤と呼ばれています。

◎石清水(いわ)

　石清水社は八幡宮の摂社ですが、創建は本社より古く、当宮の名前の由来になっています。井戸の周辺には竹林があり、巨大な楠や杉などが混生し、土壌は腐植質に富んだ腐葉土で保水性に富んでいます。厳冬にも凍らず干ばつにも涸れない霊泉です。古くは皇室や将軍家の祈祷に、この霊水を山上の本宮に献供されていました。現在でも、祭典には当日早朝に汲み上げられ献供されています（『湧き水めぐり２』参照）。

◎洞ヶ峠(ほらがとうげ)

　「洞ヶ峠を決め込む」ということわざがありますが、これは日和見のことをさします。このことわざはこの峠で生まれました。筒井順慶（1549〜1584）はこの峠に陣を張り、淀川の向かいの山崎での明智光秀と羽柴秀吉の合戦を峠から傍観していて、秀吉が有利となるのを見てから秀吉側に加勢しに行ったこ

とからこのようなことわざが生まれました。

　洞ヶ峠は男山と生駒山系北部の丘陵との境界付近にある標高70mの峠です。峠の南を造る丘陵は50万年くらい前の砂や泥の地層でできていますが、峠の北は約2億年前の砂岩や泥岩でできています。峠はちょうどその境界に当たります。

（榎木・富田）

---柏原～古市---

大和川の歴史をしのぶ

　　最寄り駅：近鉄大阪線安堂
　　歩く距離：約10Km（ルートの高度は約20m～70m）
　（ルート上にはトイレが7か所ほどあります）

　近鉄道明寺線の柏原南口駅または近鉄大阪線の安堂駅から歩き始めます。この付近の東高野街道沿いには地学的な見所として大和川付け替え記念碑、高井田横穴公園と安福寺横穴墓群、誉田（こんだ）断層が横切る応神天皇陵があります。大和川の川原で石ころを観察することもできます。このルートは地学的な見所だけでなく、多くの史跡もあります。誉田八幡宮付近では街道の面影が残る街並みを見ることもできます。

＜この街道付近の地学的見所＞
　◎大和川付け替え記念碑・中甚兵衛銅像
　旧大和川はここより北向きに流れて淀川に合流していました。旧河川は周囲の土地より一段高いところを流れる天井川で

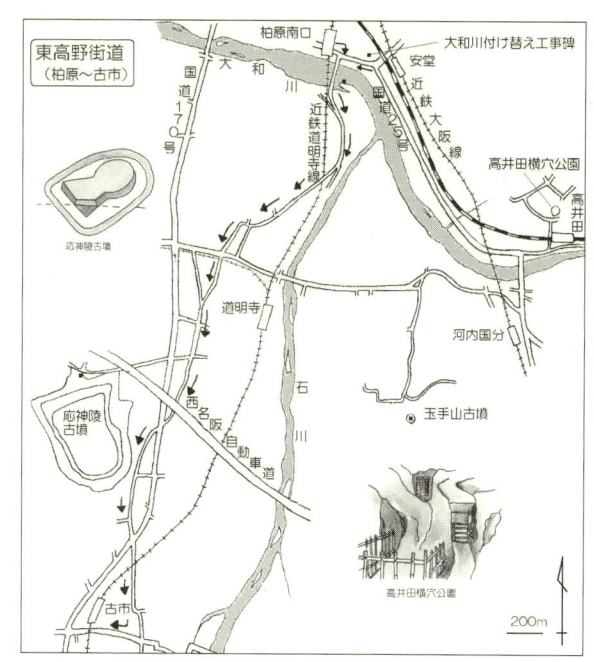

あったため、氾濫のたびに広い範囲が浸水し、大きな被害をもたらしました。そのため、今米村（現在の東大阪市）の庄屋中甚兵衛らの苦労の末、宝永元年（1704）にこの地点から西へ流れ、大阪湾に注ぎ込む今の大和川が造られました。

　銅像が立つ堤防の北に、旧大和川流域の田畑に水を流すための築留二番樋があります。築留とは新大和川を造る際、旧川筋をふさいで堤防を造った場所のことです。

◎**大和川と川原の石ころ**

　大和川の川原には花こう岩、片麻岩、安山岩、玄武岩、チャートなどさまざまな種類の石ころが見られます。サヌカイト（サヌキトイド）という安山岩も見られます。この石はカンカン石と呼ばれるように、ハンマーでたたくときれいな金属音がします。表面は灰色で、ハンマーで割ると割れ口は鋭く、新鮮な

中甚兵衛銅像　　　　　　　サヌカイト

ところは黒く、緻密でとても硬い石です。また、黒い石を割ると、中に淡い緑色の粒が入っていることがあります。この粒は玄武岩に含まれるカンラン石（オリビン、宝石名：ペリドット）です。また、花こう岩や安山岩の中には、赤色〜赤黒い色のガーネット（ざくろ石）を見つけることもできます。この本の姉妹本『関西地学の旅9 天然石探し』を参考にしてください。

◎応神天皇陵（誉田御廟山古墳）と断層

　応神天皇陵は誉田御廟山とも呼ばれており、5世紀頃の古墳です。前方後円墳で、全長425mの日本で2番目の巨大な古墳です。世界遺産への認定に向けて準備が進められています。

　応神天皇陵の前方部分（左上：北西部）が崩れています。この部分を横切っている誉田断層は生駒断層系の活断層で、永正7年（1510）9月21日の摂津・河内の地震（M6.5〜7.0）を発生させたと推定されています。この直下型大地震により藤井寺などの諸寺が崩壊、四天王寺の石鳥居が破壊されたと古文書に記録されています。

<足をのばせば>

◎高井田横穴古墳と凝灰岩

6世紀中頃から7世紀前半に造られた200基以上からなる大規模な横穴古墳群です。凝灰岩の岩盤に横穴を掘っており、横穴内部に人物や動物などが線刻で描かれた古墳

高井田横穴古墳と凝灰岩

もあります。公園内の柏原市立歴史資料館は入館無料です。

この凝灰岩は以前、二上山からの噴出物とされていましたが、最近では奈良市の石仏凝灰岩、奈良県・三重県にまたがって分布する室生火砕流堆積物とともに新生代中期中新世に、紀伊半島南部を供給源とする火砕流堆積物であると考えられています。

◎玉手山古墳群

大和川と石川が合流する地点の南東に玉手山の丘陵があります。ここには古墳時代前期の古墳群と後期の横穴墓群があります。安福寺参道、玉手山コミュニティ会館付近の横穴墓群は、高井田横穴公園で見たのと同じ凝灰岩に掘られています。騎馬人物などの線刻壁画が描かれた古墳もあり、大阪府指定の史跡になっています。

玉手山や石川対岸の道明寺一帯は大坂夏の陣の激戦地でした。豊臣方の後藤基次(又兵衛)が討ち死した地としても知られています。

(池田)

熊野街道＜大阪編＞

　熊野街道は平安時代上皇、法皇や貴族などが紀伊半島にある熊野本宮大社を目指して歩いた道です。「蟻の熊野詣」といわれるほどその後も武士や町民にも広がりました。

　京都から淀川を船で下り、現在の大阪の天満橋付近で下船し、熊野詣のスタートとなりました。江戸時代はこの船着場は八軒家と呼ばれ三十石舟の発着場として賑わいました。この付近に九十九王子の第１番目の窪津王子が設けられました。ここから熊野本宮大社まで九十九の王子をめぐり熊野詣を行いました。王子とは巡礼者を守る熊野権現を祀り、人々は熊野詣の安全を祈願し疲れを癒しながら、次々と王子をめぐっていきました。

　天満橋を出て天王寺、阿倍野、住吉、堺、岸和田、和泉を経て和歌山県に入ります。この間に23の王子があったといわれています。

―――――――――――八軒家～住吉大社付近―――――――――――

上町台地を南へ

　最寄り駅：大阪市営地下鉄天満橋～南海高野線住吉東
　歩く距離：約10.6km（ほぼ平坦な道）

　熊野詣の陸の玄関口となるのが天満橋の八軒家です。京から

船で下ってきた熊野詣の人々は、八軒家の船着場から上陸し、ここから陸路を熊野へと目指しました。都会の中の生活道路となってしまった現在では、昔の街道の面影はもうあまり残ってはいませんが、案内板や標識が随所に整備され、それにしたがって歩けば、迷うことはまずありません。

街中なのでコンビニや公衆トイレ等も多くあり、鉄道の駅もあちらこちらにあるのでリタイアも容易にでき、とても歩きやすい道となっています。

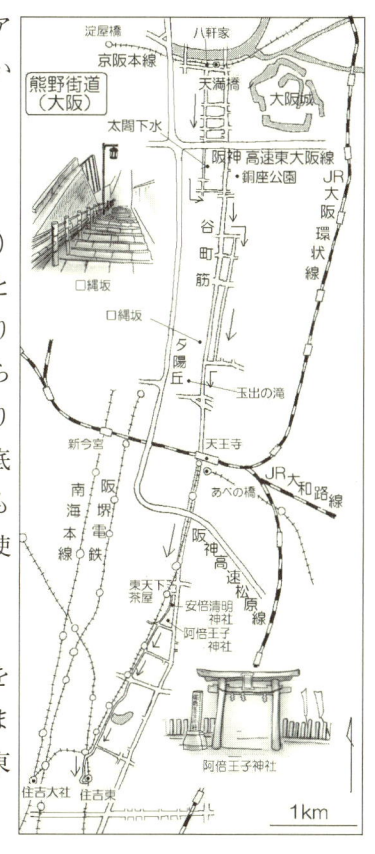

＜この街道付近の地学的見所＞

◎日本最古の太閤下水（背割下水）

太閤下水は日本最古の下水道といわれています。初期には素掘りであったものが 後に石垣が造られ、江戸時代・明治時代にわたり拡張・整備されました。さらに底にコンクリートが打たれ、今でも20km程が現役の下水道として使われています。

大阪市史跡に指定されており、見学用の施設があり内部の様子をのぞき窓から見ることができます。施設の場所は阪神高速13号東

大阪線をくぐった1つ目の角、南大江小学校の西側、街道沿いにあります。

日本最古の下水道「太閤下水」

◎電子基準点

電子基準点とは国土地理院が構築したGPS連続観測システムの基準点・観測点です。全国に約1200か所設置されており、日本の国土の位置を決定し、地殻変動を監視しています。また、このデータはリアルタイムで公開され、地震等の調査研究に役立てられています。概観は高さ5mのステンレス製で、上部には電波を受信するアンテナ、内部には受信機と通信用機器等が格納されています。

谷町六丁目駅から北へ200m、中央区内久宝寺2丁目にある銅座公園という児童公園内にあります。

◎夕陽丘と天王寺七坂（上町台地の崖）

地下鉄四天王寺前夕陽ヶ丘駅界隈には自然や史跡が多く点在しています。その昔、藤原家隆が「ちぎりあれば難波の里にやどりきて波の入日を拝みつるかな」と詠んだ歌にちなんだ夕陽丘などの上町台地は大阪市内の中心に位置し、海水面の変動と断層運動によって尾根状に盛り上がってできました。台地の西側の急斜面には北から順に、真言坂、源聖寺坂、口縄坂、愛染坂、清水坂、天神坂、逢坂とよばれる大小の坂が点在しています。歴史と風情ある寺社のたたずまい、それらを縫うように石畳の坂道が走り、台地の上部と下部をつないでいます。この坂を歩くと上町台地の斜面の傾斜がよくわかります。都会の中に

口縄坂

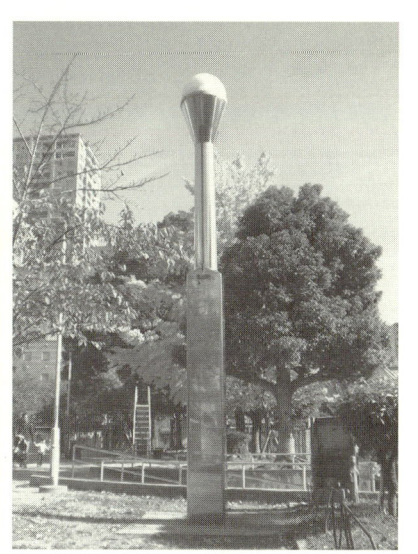

電子基準点

玉出の滝

ありながら、喧騒をはなれた静けさの中に落ち着いた雰囲気を醸し出しており、それぞれに人と大地の深い歴史を感じることができます。

また、天王寺付近には七名水と呼ばれるほど良質の井戸水が湧き出ていましたが、現在では四天王寺境内の亀井などが湧いています。増井と安井（かんしずめの水）は面影が残るにすぎません。清水寺には玉手の滝といって大阪市内唯一の滝が流れています。

阿倍王子神社の井戸

茶臼山は古墳といわれていますが、真偽のほどはわかりません。そしてその周濠の一部とされている河底池は、和気清麻呂が八世紀に河内平野を当時北に向かって流れていた大和川の氾濫を防ぐために、上町台地を横切って大阪湾に流そうと付け替え工事をしたときの名残ともいわれています。

◎阿倍王子神社の井戸

安倍晴明神社から50m南に行くと王子神社があります。熊野街道に、宿泊休憩の場所として王子社が設けられ、ここもその1つとされています。また、ここで使われている手水も地下水から湧いてくる井戸水を使用しています。

（藤原）

熊野古道＜紀伊半島編＞

　熊野街道は京都から大阪を経て熊野本宮大社・熊野速玉大社・熊野那智大社にお参りするために利用された街道です。紀伊半島における熊野街道（古道）は大きく分けて5ルートあります。

　平安時代中頃から、阿弥陀信仰の聖地である熊野へ詣でることが法皇や上皇のあいだで盛んになり、貴族のあいだに参詣が広まりました。

　室町時代になると武士や庶民のあいだで盛んになり、その様子は「蟻の熊野詣」といわれるほど賑わいました。紀州路と中辺路には九十九王子が作られ参詣者の保護が祈られました。

　室町時代の後は近畿内に複数のルートができ、これらも含めて熊野街道と呼ぶようになりました。

　明治以降は道路や鉄道が発達したため街道は廃れていきました。ただ中辺路付近は昔の雰囲気が残っていて古道として現在でも訪れる人が増えてきました。2004（平成16）年7月7日に熊野古道の中辺路付近と紀伊山地の霊場がユ

熊野古道

ネスコの世界文化遺産に登録されました。

---和歌山市〜海南市（その1）---

緑の石と青い石

　最寄り駅：JR和歌山線布施屋〜和歌山電鉄貴志川線伊太祈曽
　歩く距離：約5.8km（ルートの高度は約10m〜100m）

　JR和歌山線の布施屋駅の改札を出たら踏切を渡らずに右に曲がります。このあたりは地元の歴史研究会による案内板や標識が非常に丁寧に整備されており、迷うことなく進むことができます。途中、矢田峠の登り口にある分かれ道で、ミラーに貼られた標識がわかりづらい個所があり、左右どちらに進んでもいずれは合流するのですが、ここは左の本道をとります。峠を越えたらしばし集落の中を進みます。この後車通りの激しい車道を歩きますので注意してください。集落の中の古道を抜け、和歌山電鉄貴志川線の踏切を渡ったら、いったん古道をはずれて左折し、伊太祁曽神社へと向かいます。神社の大鳥居の前の道を直進すれば、伊太祈曽駅はすぐそこです。

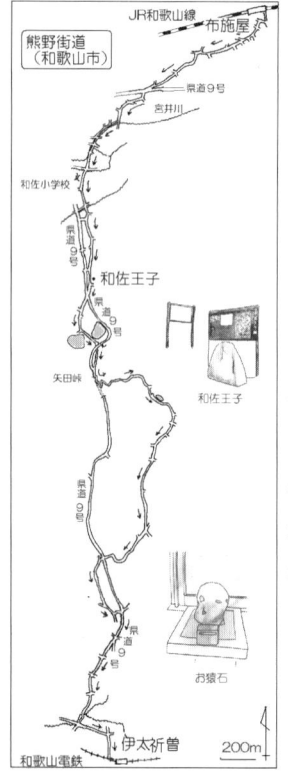

＜この街道付近の地学的見所＞

◎伊太祁曽神社の緑色片岩の「おさる石」

おさる石

伊太祁曽神社は、木の神様を祀り境内に蛭子神社が祀られています。この神社前におさる石があります。解説板によると、猿の頭に見えることからこの名がつけられ、参拝者は本殿参拝の前に手をあてて心気を静めたと伝えられています。

石はこの周辺の山を作る三波川帯(さんばかわたい)の結晶片岩で、緑色をした緑泥石を含むことから緑泥片岩と思われます。この石は約1億年前の地下で大きな圧力によって大規模な広域変成作用によって造られた石です(『巨石めぐり』参照)。

＜足をのばせば＞
◎憑夷の滝(ふうい)

標高142mの大日山の麓に、大日如来を祀るお堂があります。弘法大師により開かれたとされ、今も地元の人々に大切に守られています。憑夷の滝はこの大日堂の一角にあります。この滝の水で薬を飲むと効くと伝えられ、人々が水を汲みに訪れるそうです。天然の滝ではなく、大日堂から湧き出る水が積み上げられた石組の上部にある

憑夷の滝

筒からひとすじの弧を描いて流れ落ちる人口の滝です。近畿地方では珍しい硬水で、水質検査表には「やかんにカルシウムの白い結晶がつく」とあります。それでも飲みやすいおいしい水です。

◎和歌山城の石垣

　和歌山城は和歌山市の中心部に位置する標高48mの虎伏山に築かれた平山城です。連立式平山城（天守閣に2基以上の小天守や櫓を連結している様式）であり、松山城、姫路城と並び、日本三大連立式平山城に数えられています。

　和歌川と紀ノ川という天然の濠にはさまれ、非常に高い石垣を積んでいます。これらの石垣や石段には、2種類の青石が使われています。1つは縞模様のある緑色の石で、これは三波川結晶片岩と呼ばれる変成岩です。今から約2億4000万年前に海底にたまった堆積物が1億4000万年前から1億年前頃の地殻変動で熱と圧力を受けてできたものと考えられています。青石に見られる縞模様は、この大きな圧力によるものです。もう1つは、和泉山地の「和泉青石」です。和泉青石は今から約8000万年前から6500万年前にかけて海底に堆積した砂や泥からなる堆積岩です（JR和歌山市駅・南海本線和歌山市駅下車、徒歩10分。または和歌山バス「公園前」下車すぐ）。

──────和歌山市〜海南市（その2）──────

古道の石畳が残る道

　　最寄り駅：和歌山電鉄貴志川線伊太祈曽〜JR紀勢本線海南

　　歩く距離：約8.2km（ルートの高度は約10m〜40m）

伊太祈曽駅から南へ直進し、伊太祁曽神社の大鳥居の前で右折、これより先はしばらく県道9号を行きます。阪和自動車道の下をくぐり、池の端で、左の高速道路沿いの道を進みます。たんぼの中の一本道を直進すると多田の集落を通り抜けて行きます。道なりに進めば松坂王子で、松坂王子を左折して200mのところでいったんミカン畑の中へおります。ここには近代の道路工事の際、移設された古の石畳が残っており、それを踏んで池への階段を上ってクモ池を周って進み汐見峠を越え、直進します。やがて日方川沿いの道となり、その川を渡ると国道370号線に出、これを右折してまっすぐ行けばJR海南駅です。

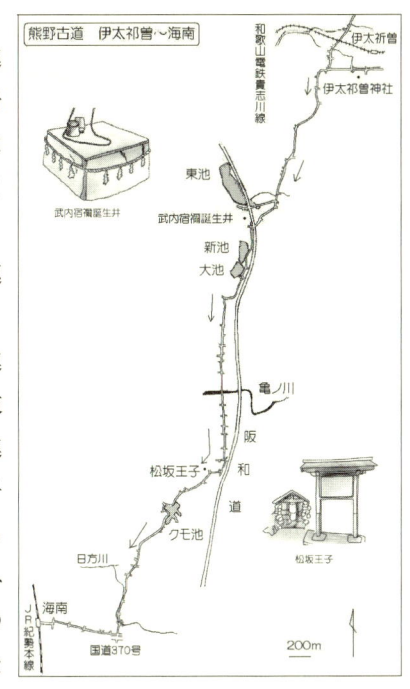

＜この街道付近の地学的見所＞

◎武内宿禰誕生井

　この井戸は、憑夷の滝より約4km南の阪和自動車道の横にある東池のすぐ南にあります。武内神社がありその境内の長寿殿というお堂の中に井戸があります。つるべをおろして水を汲むことができます。武内宿禰は仲哀、応神、仁徳の各天皇に仕

えたほど長寿な人でした。子孫が繁栄したことから理想的な人とされ、戦前の紙幣などにも使われました。生誕の地がこの付近で、この井戸を産湯として使ったとされ、紀州徳川家では代々産湯としてこの井戸を使ってきました。

武内宿禰の井戸

<足をのばせば>

◎和歌山県立自然博物館

　海南市にある自然をテーマにした博物館です。和歌山の自然を紹介する施設として、水に住む生き物等を水槽で展示しており、動植物、昆虫、貝、化石、鉱物などの標本を展示・収蔵し、興味をもって楽しみながら学習できるようになっています。博物館の調査によって湯浅町で発見された肉食恐竜（獣脚類）の歯の化石（26mm）は必見です。また、子供向けにカードの配布など、さまざまな取り組みを行っていることでも注目されています。

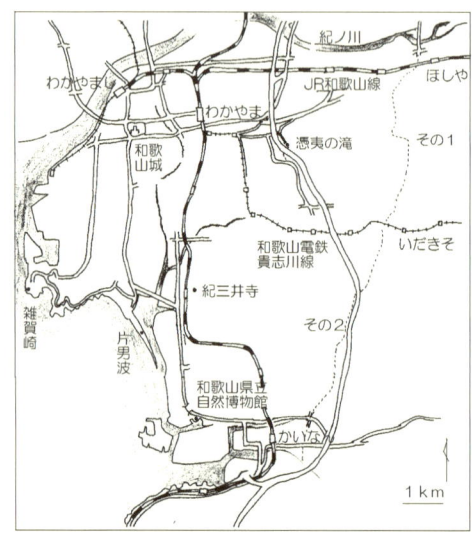

◎紀三井寺

　宝亀元年（770）に開

かれた紀三井寺は、西国三十三所第二番札所である、救世観音宗総本山で、本尊は十一面観音です。標高230mの名草山中腹にあり、その名前の由来となった3つの井戸（清浄水、楊柳水、吉祥水）を擁しています。これらの霊泉は海に近いにもかかわらず、塩分を含まず清く澄んでおり、日本名水百選にも選ばれています。

　清浄水は参道の石段脇にある小さな滝です。美女が龍に化身した伝説が伝わります。楊柳水は病気平癒のありがたい水として喜ばれてきました。吉祥水は即座に煩悩消滅し難を除くと伝えられています（ここは境内から少し離れた所にあります。『湧き水めぐり1』参照)。

（藤原）

――宮原・湯浅付近――

醤油のふるさと湯浅へ

　最寄り駅：JR紀勢本線紀伊宮原〜湯浅
　歩く距離：約7km（ルートの高度は約5m〜170m）

　紀伊宮原駅から湯浅駅にかけての熊野街道沿いには有田川の宮原の渡し場跡、熊野街道歴史民族資料館、糸我王子、行者石、逆川王子、弘法井戸などの見所があります。また湯浅付近では津波防

熊野古道の道標

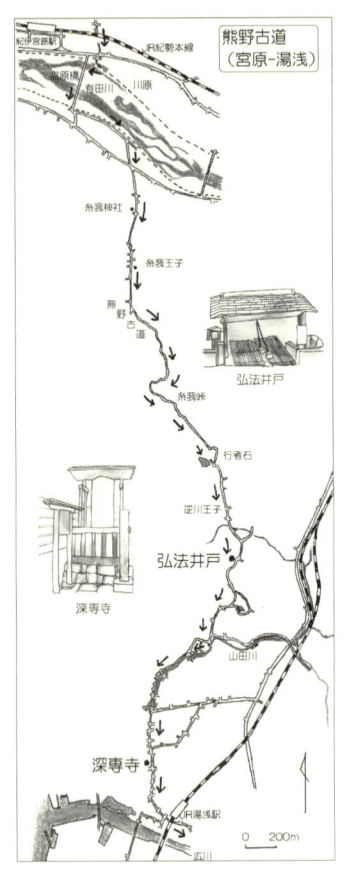

災教育センターである「稲むらの火の館」も見学することができます。そのそばには当時（1858年）に造られた防潮堤である広村堤防も散策できます。

このルートの高低差は約170m あり中間付近で糸我峠（170m）を越えます。また湯浅の街に入る手前で小高い峠（方津戸峠50m）もありますが、案内板や道標が整備されているので、それにしたがって歩いていくことができます。山田川を越えた湯浅の街並みはかつての宿場町の雰囲気をとどめています。また湯浅は醤油の発祥の地としても有名です。

＜この街道付近の地学的見所＞
◎弘法の清水

糸我峠を越えてしばらく行くと逆川王子（逆川神社）があります。逆川の橋を渡るとすぐのところが弘法井戸です。道路右手側に弘法井戸を覆うようにつくられた屋根が見えてきます。

弘法大師が杖で突くと水が湧き出したという伝説があります。現在では竹筒の覆いでふたがされています。つるべも置かれていますのでふたを取って水を汲むことができます。

◎「大地震津波心得之記」碑の深専寺

湯浅の街中に残る熊野古道、立石の辻に１本の道標が立って

います。「すぐ熊野道」「きみいてら」の文字がはっきりと読み取れます。この辻を少し西にはずれると深専寺というお寺があり、門前には「大地震津波心得之記」碑が立っています。紀伊半島は百数十年に1度の間隔で大地震と大津波に襲われてきました。この碑には大きな揺れを感じたら山手の方へ逃げるようにという教訓が記されています。

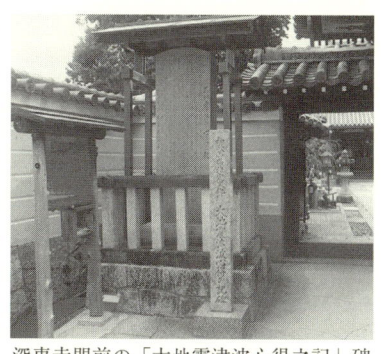

深専寺門前の「大地震津波心得之記」碑

＜足をのばせば＞
◎稲むらの火の館（津波防災教育センター）

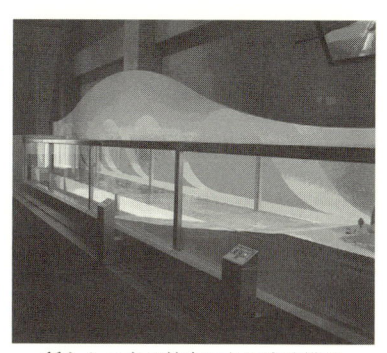

稲むらの火の館内にある津波模型

湯浅駅付近の熊野街道から少しはずれて南へ進みます。広川を渡り、600mほど行くと稲むらの火の館に着きます。

江戸時代末期安政元年（1854）11月5日に安政南海地震が起こりました。この地の庄屋であった浜口梧陵はこのときいち早く津波の発生に気づき、刈り取ったばかりの稲束に火をつけ村人を高台へと誘導しました。梧陵はその後、村の復興と後世の安全のために私財を投げ打って堤防を築きました。この故事にちなみ、津波対策の推進に関する法律（2011年6月）でこの日

広村堤防

天皇海岸

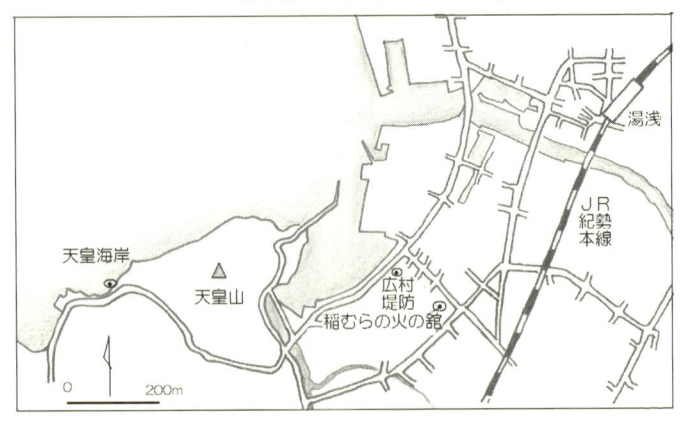

を津波防災の日と決めました。梧陵が築いた広村堤防は国の史跡に指定され、今も街を守り続けています。稲むらの火の館は浜口家の旧家を中心に地震と津波の教育施設として開設されたものです。

◎**天皇山の海岸**

海岸一帯には中生代白亜紀の砂岩と泥岩の互層が見られ、周辺では二枚貝などの化石が観察できます（『化石探し』参照）。

沖合には津波防波堤が2012年に完成し、新たな津波防災施設として、湯浅、広川の街を守っています。　　　　　（柴山・太田）

――――――――――――中辺路付近――――――――――――

熊野詣のメインルート

　最寄り駅：龍神バス牛馬童子口～野中一方杉
　歩く距離：約7km（ルートの高度は約300m～500m）

　JR紀伊田辺駅から龍神バスに乗り牛馬童子口で下車します。バスを降りて国道311号の少し北に熊野古道が通っています。ここから野中の清水を経て野中一方杉のバス停までの熊野古道の中辺路の約7kmを歩きます。

　牛馬童子口バス停を降りると向かい側に道の駅があります。約1kmほど山道を行くと牛馬童子像が道の少し脇にお地蔵様と一緒に並んでいます。牛馬童子を過ぎると急な坂を下り日置川に出ます。北野橋を渡ると袂に近露王子があります。付近には熊野古道なかへち美術館や近露王子公園があります。さらに郵便局前を通り近野小学校、近野中学校の前を通っていくと楠

熊野古道（中辺路付近）

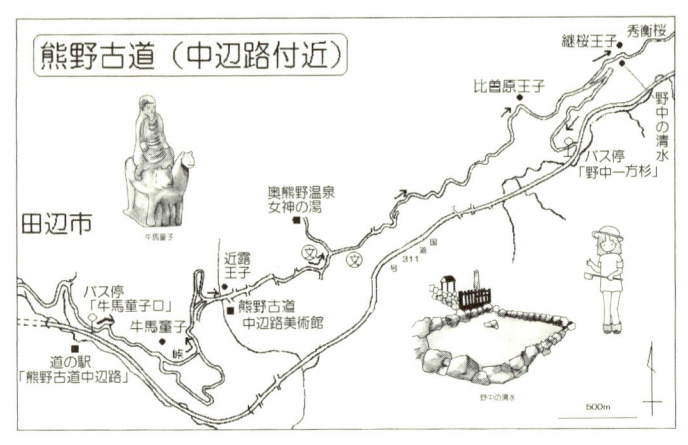

山坂登り口になります。緩やかな坂道を約1.5km上ると比曽原王子に出ます。さらに約1km行くと継桜王子につきます。ここの境内には樹齢800年を超える木などが9本もあります。このすぐ下に野中の清水が湧き出しています。おいしい水を味わってバス停に向かいましょう。約1km道を下って谷間に下りていくと国道301号に出ます。そこに「野中一方杉」バス停があります（ルート上にはトイレが2か所あります）。

＜この街道付近の地学的見所＞

◎牛馬童子は砂岩で造られている

この石像は熊野古道の箸折峠にあり、高さ約50cmで、馬と牛の2頭の背にまたがった珍しいもので熊野古道のシンボルとなっています。この像は花山法皇が熊野行幸をした姿を現しているとも伝えられています。2008（平成20）年6月にこの像の頭部が何者かによって切断されなくなりました。そのため同じような砂岩で頭部が復元されましたが、2010年8月に近くのバ

牛馬童子

ス停でその頭部が発見されました。

　このように牛馬童子はこの近くの山で採れる砂岩と呼ばれる砂が固まった石で造られています。この砂岩は約1億年前の中生代白亜紀から2500万年前の新生代古第三紀の海底に堆積した地層で四万十層群と呼ばれています。中辺路付近にも四万十層群の地層が広く分布しています。

◎奥熊野温泉女神の湯

　近野小学校の横の道を少し登ると奥熊野温泉女神の湯があります。温泉小屋はシンプルな建物で、簡単な脱衣場があり、湯船も長方形の単純な形ですが、泉質はすばらしく、入ると肌がすぐにぬるぬるになります。これは源泉かけ流しでナトリウム－炭酸水素塩泉（重曹泉）だからでしょう。日本一のヌルヌル度合いとうわさされています。

◎野中の清水

　継桜王子のすぐ下の道にある湧水で、名水百選にも選ばれた名水です。平安時代に貴族のあいだで始まった熊野詣の頃から

熊野本宮大社

大日山から熊野川を望む

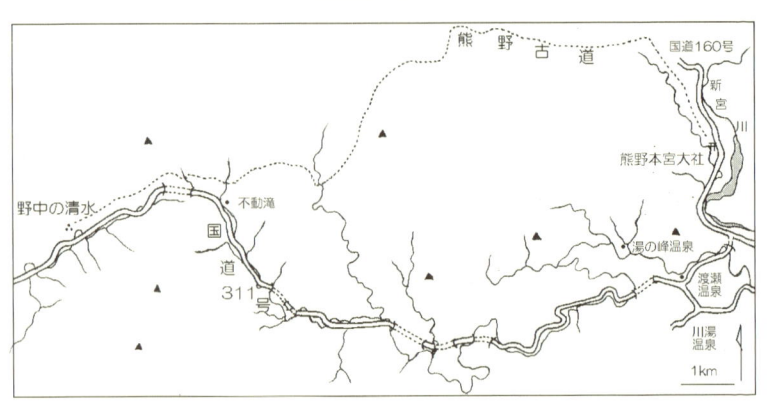

参詣の人々ののどを潤してきました。そのころから1度も涸れたことがないといわれ、きれいな湧き水が泉を作っています。泉の横から噴出する湧き水を汲むことができ、多くの方が汲みに来られています（『湧き水めぐり1』参照）。

＜足をのばせば＞

◎熊野本宮大社

　熊野三山の1つ熊野本宮大社は熊野詣で最初に訪れるところです。もともと大社は熊野川と音無川の合流点付近の中洲にありましたが、1889（明治22）年に近くの大日山が崩れ大洪水となって流失し、現在の場所に移築されました。旧社地は大斎原（おおゆのはら）と呼ばれ、こんもりとした森の中に流失した中四社、下四社を祀る祠が建てられています。また、近くに日本一ともいわれる高さ約35mの大鳥居が建てられています。　　　　（柴山・太田）

―――――――――――― 串本・古座付近 ――――――――――――

奇岩怪石が続く景勝地

　　最寄り駅：JR紀勢本線串本～古座
　　歩く距離：約7km（ルートの高度は約5m～50m）

　JR紀勢本線串本駅から同じ紀勢本線の古座駅までの熊野街道を歩きます。

　串本駅を出、商店街を抜けていくと宮川に出ます。上流に行くと無量寺と串本応挙芦雪館があります。国道42号を北に進むと右に紀勢線の線路をくぐる道があります。そこから熊野古道

大辺路の一部です。くじ野川に沿って上流に行くとくじ野川地蔵さんがあります。右に折れる道を行き高度40mの峠を越えると橋杭岩に出ます。

また橋杭岩の付け根あたりの国道沿いに弘法湯温泉があります。
ここからは国道42号を歩き、紀伊姫駅手前から旧道に入ります。姫の街中を抜け、さらに伊串の街中も旧道を歩いていきます。伊串を出ると、再び国道42号に出ます。この付近は国道と海が接近していて海岸の磯の様子がよくわかります。国道を少し歩くと左に折れる道がありこれが旧道です。少し行くと西向の集落で、そこを抜けると古座の町です。熊野古道は古座駅付近からこの古座川を渡ってさらに那智の方に向かいますが、このコースは古座の駅が終着です。

＜この街道付近の地学的見所＞
◎無量寺と串本応挙芦雪館と宝永大地震

江戸時代中期の画家円山応挙と弟子の長沢芦雪の作品を展示しています。宝永4年（1707）の宝永大地震のときに津波が来てこの寺も襲われました。その再建に当たって当時の住職が親しかった応挙に依頼して襖絵などを書いてもらい、それを弟子の芦雪が届けた折にも多くの作品をこの寺に残しました。有名

左右に点々と続く岩が橋杭岩

な「虎図」「龍図」は国の重要文化財に指定されています。

　宝永大地震は M8.6と推定されている巨大地震です。南海トラフ沿いのプレートがほぼ全域にわたって動いたといわれている最大級の地震です。この49日後に富士山の宝永大噴火が起きたこともよく知られています。津波はここ串本で約6m、大阪湾で3mであったといわれています。

◎橋杭岩

　海岸から沖にある島に向かって800mほどを一列に板状の大岩が約40個点々と続きますます。1923（大正12）年に国の天然記念物に指定されました。この岩は弘法大師と天邪鬼が一晩で向かいの大島まで橋を架けることができるかと賭けをしてできたものといわれています。橋杭岩はこの付近に広く分布している約2500万年前の堆積岩の割れ目に沿って約1400万年前にマグマの活動で、溶岩が噴出してできました。このようにもとあった岩の割れ目に沿ってマグマが入ってきて冷え固まったものを岩脈といいます。この橋杭岩も流紋岩と呼ばれるマグマが冷え固まった岩脈です（『巨石めぐり』参照）。

◎弘法湯温泉

　橋杭岩の付け根に当たるところにこの温泉があります。

手前が海食台

　地区の人たちが管理している素朴な温泉ですが、源泉かけ流しのいい湯です。アルカリ性の単純泉で源泉は27度とのこと。地下ではまだマグマの熱が残っているのでしょう。

　◎荒船海岸の海食台

　串本町から勝浦にかけて海岸は奇岩怪石が続く荒船海岸です。表面はごつごつしているが全体には平坦な地形が海岸に広がっています。このような地形は海食台と呼ばれ、地震の時に隆起をしたかつての海底面です。

　海岸に出て表面の石を見てみると黒っぽいものがほとんどです。これは泥岩と呼ばれる石で、三重県の熊野で採れる有名な那智黒と同じ石です。約2500万年前に海底に堆積してできたものです。

＜足をのばせば＞

　◎虫食い岩

　古座駅から古座川を2kmほどさかのぼると古座川町役場があり、そこから道を右に折れます。そして約1.5km行くと岩肌がハチノスのようにあいた高さ60mもある大きな岩が目につきます。孔の様子から虫食い岩と名づけられ国の天然記念物

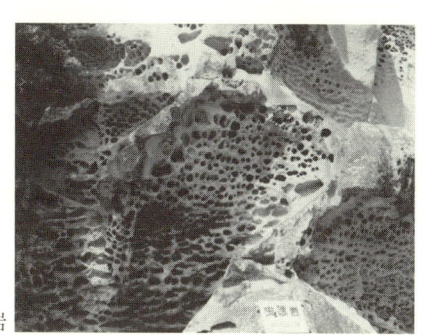

虫食い岩

一枚岩

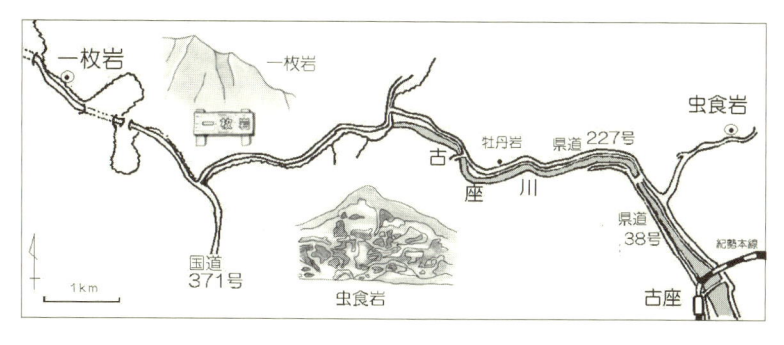

熊野古道＜紀伊半島編＞ 57

に指定されています。

　これは約1500万年前に堆積した熊野層群の割れ目に約1400万年前にマグマが脈状に貫入して冷え固まった熊野酸性岩と呼ばれる火成岩の仲間です。虫食い岩のある岩はその中でも凝灰岩と呼ばれる火山灰が固まった部分に当たります。この中には大小さまざまな大きさのも含んでいたため、それらがその後の侵食作用で外れてこのようなブツブツの孔ができたと考えられています。

◎一枚岩

　清流を誇る古座川の両岸は随所に奇岩が迫っています。中でも一枚岩は高さ100m、幅が500mの大岩で、流れに沿って屏風のようにそそり立つ様子は圧巻として、古座川町のシンボルになっています（『巨石めぐり』参照）。　　　　　（柴山・太田）

----新宮周辺----

まちなかに浮かぶ島

　　最寄り駅：JR紀勢本線新宮駅
　　　　　　　川下りへはバスで約50分「日足(ひたり)」下車
　　歩く距離：約3km（ルートの高度は約10m〜80m）

　新宮駅を出て市内にある浮島に向かいます。そこから近くの熊野速玉神社を参拝し、少し南に行くと神倉神社への登り口につきます。ここの神社は階段を538段登らなければなりませんが、登り口に杖がありますのでそれを借りて登ってみましょう。登りきると大きな岩があります。これが御神体のゴトビキ

岩です。市内の見学が終わると熊野川に沿って右岸の道を上流へバスで行きます。この川の上流に熊野本宮大社があります。

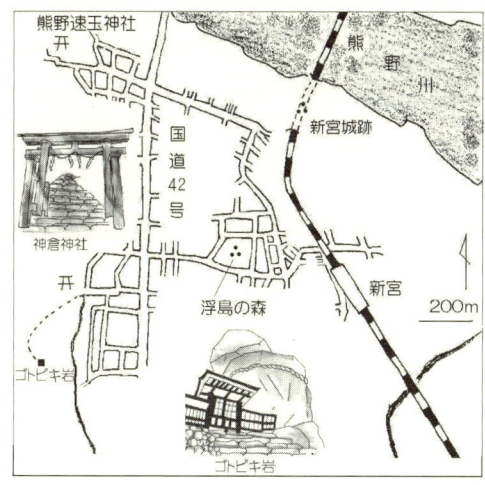

<この街道付近の地学的見所>

◎**熊野速玉大社**

　熊野川の河口に位置し、舟下りの下船場となっている権現川原のすぐそばにあるのが、熊野速玉大社です。世界遺産には神社境内を中心に背後の権現山（神倉山）と熊野川に浮かぶ御船島、御旅所を含んで指定されています。神倉山の南端に祀られているのが神倉神社ですが、元はこの神倉神社の位置に祀られていた神を現在の位置に移したため、神倉神社を元宮、現在の神社を新宮と呼んだそうです。

◎**神倉神社とゴトビキ岩**

　神倉神社の御神体はゴトビキ岩と呼ばれるカエルの形をした花こう岩の大きな岩です。神倉山の中腹にあるので、新宮市の街中からもよく見えます。神社へは538段の石段でつながっていますが、毎年2月6日に行われる御燈祭りはこの石段を信徒が松明を持って駆け下りる勇壮な祭りとして有名です。

◎**神倉神社の水**

　国道から神社の入り口へと入る道は狭くわかりにくいです

熊野速玉神社 　　　　　　　　　神倉神社とゴトビキ岩

浮島

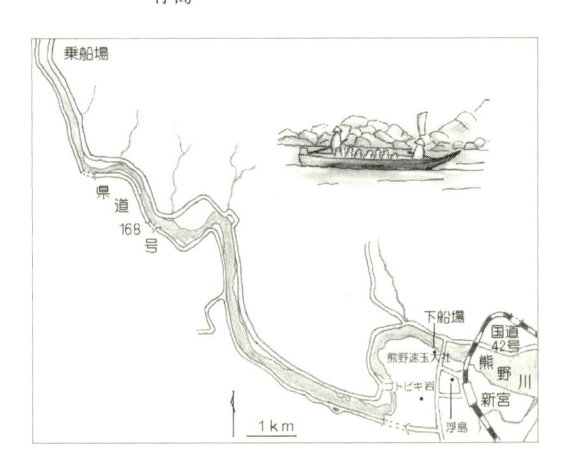

が、社を目当てに進めば行き着きます。鳥居を入ってすぐに水があります。神倉山一帯の歴史は縄文時代前期にさかのぼり、当時から生活水として利用されていたといわれています。石段を上り詰めた本殿のたもとには「神倉神社の手水鉢」が置かれています。飲んでみるとさっぱりとした味でした（『湧き水めぐり3』参照）。

◎浮島

新宮市の中心にある浮島は泥炭層で構成され、島全体が沼に浮かんだ状態になっています。島の植物群落は寒地、暖地、高原性の植物が混在する珍しいもので、国の天然記念物に指定されています。

＜足をのばせば＞

◎熊野川舟下り

紀伊山地の霊場と参詣道では熊野川が川の参詣道として登録されています。かつては熊野本宮大社から熊野速玉大社へは川を下って移動したとされています。今は舟で移動することはなくなりましたが、新宮市熊野川町日足から観光川下りを楽しむことができます。舟は熊野速玉大社横の川原に到着します。時間は約90分で、途中、語り部の話を聞きながら、川沿いに見られる「布引の滝」「なびき石」「釣鐘石」などの地形、奇岩を楽しむことができます。

（太田・柴山）

和歌山街道

　江戸時代、紀州藩の所領地は紀伊国一国と伊勢南部でした。この所領地を結ぶ交通路として、参勤交代の道として和歌山街道が栄えました。この他にも伊勢参宮や熊野詣、吉野詣など巡礼の道としても栄えました。街道には高見峠という難所があったものの、海路にくらべて大幅に距離が短いために重要な交通路となりました。紀州、伊勢の海産物や塩を大和の国に運ぶ交易のための重要な街道となりました。

---──松阪市波瀬〜月出付近──---

中央構造線付近を歩く

　　最寄り駅：三重交通バス飯高線スメール前
　　歩く距離：約10km（ルートの高度は約240m〜350m、月出案内
　　　　　　所－中央構造線露頭間3kmは林道）
　　※コミュニティバスで桑原集会所から月出案内所へ行くには事前予約が必要（連絡：森タクシー TEL0598-45-0050）。

　奥香肌温泉スメール前でバスを降り、すぐ近くの命の水に寄って貴重な名水を飲ませていただいてから元の国道166号に戻ります。この国道沿いが和歌山街道です。
　和歌山街道は三重県では中央構造線に沿った主要な交通路として、紀伊半島中央部を東西方向に移動する道として利用され

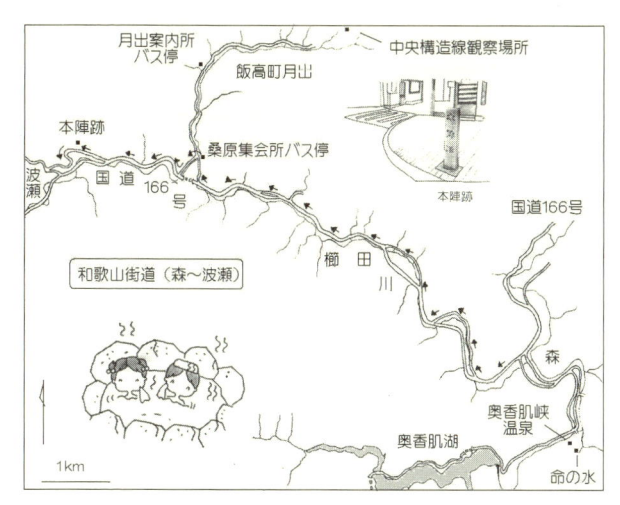

てきました。険しい地形の紀伊半島にあって、中央構造線に沿った東西の谷間が街道となりました。桑原から和歌山街道を外れて、北に行った月出集落の先、三峰山系(みうね)の中腹に中央構造線の露頭があります。

このルートの最後にある波瀬(はぜ)は、大和の国から高見峠を越えて、伊勢の国に入った最初の宿場で、本陣、脇本陣が置かれました。現在も本陣跡が残っており往時をしのばせる街並みを見ることができます。

さらに、月出集落から中央構造線露頭へ行く場合は高度差250mを登る林道です（ルート上にはトイレは2か所、波瀬グリーンライフやまびこ、月出案内所にあります）。

波瀬本陣跡

和歌山街道　63

| 命の水 | ホテル「スメール」 |

<この街道付近の地学的見所>

◎命の水

バス停香肌峡ホテル「スメール前」から約10分歩くと命の水があります。日本では珍しい硬水で、硬度が300以上あります。また、pH7.7で、カルシウム、マグネシウム、ナトリウム、カリウムを多く含んでいます。

◎香肌峡温泉

香肌峡温泉ホテル「スメール」があり、泉質はナトリウム、鉄（Ⅱ）、炭酸水素塩を多く含み、塩化物泉で、リュウマチ、神経痛、あれ肌に効くといわれています。宿泊だけでなく、日帰り入浴も楽しむことができます。

〈足をのばせば〉

◎月出の中央構造線

日本列島最大の断層、中央構造線の観察広場が整備されています。中央構造線は関東地方から九州まで日本列島を縦断する大断層です。地質学では中央構造線を境に北側を西南日本内帯、南側を西南日本外帯に区分しています。構造線を境に内帯

中央構造線の観察広場

側には高温低圧型変成作用を受けた領家帯、外帯側は低温高圧型変成作用を受けた三波川帯が分布します。両者が変成作用を受けた際、両者はかけ離れた位置にありましたが、中央構造線の活動により現在では両変成帯が接しています。

　月出の露頭は、高さ約80m、幅約50mという大露頭です。露頭の中央を中央構造線が東西方向に延び、北に60度傾いています。断層北側には領家帯の花こう岩類が圧砕されたマイロナイト、南側に三波川帯の黒色結晶片岩が圧砕された岩石が観察できます。中央構造線は約1億4000万年前から活動していると考えられていますが、紀伊半島の東部地域における中央構造線は活断層の疑いは残るものの、活動的ではないと考えられています。月出の露頭は学術的な意義が高く、国指定天然記念物になっています。　　　　　　　　　　　　　　　　　　（池田）

磐船街道

　京街道「枚方の宿」にある「宗左の辻」(現在の枚方市岡本町)で分かれ天野川沿いに上流に向かって延びている街道です。交野市の山麓部分で東高野街道と交差しています。そこから再び天野川上流に向かって進むと生駒山地の狭い峡谷を抜け、奈良県に入ると生駒市北田原町付近で開けたところに出ます。北田原町で先ほど交差した東高野街道から四條畷市で分かれた清滝峠を越える清滝街道(現在の国道163号)と合流します。枚方からおよそ10kmあまりの街道です。北田原町で清滝街道と合流した後は天野川から竜田川沿いに奈良市方面に清滝街道として南下をしています。この清滝街道の終点は斑鳩町竜田です。

―――――――――磐船神社周辺―――――――――

渓谷にある巨大な石

　　最寄り駅：京阪交野線私市
　　歩く距離：約3km(カーブが多い坂道、ルートの高度は約50
　　　　　　m〜100m)

　京阪私市駅から国道168号に出て、山側に向かって歩いていきます。天野川を右に見ながら歩くことになりますが、交通量が比較的多いですから車には十分注意して歩いてください。

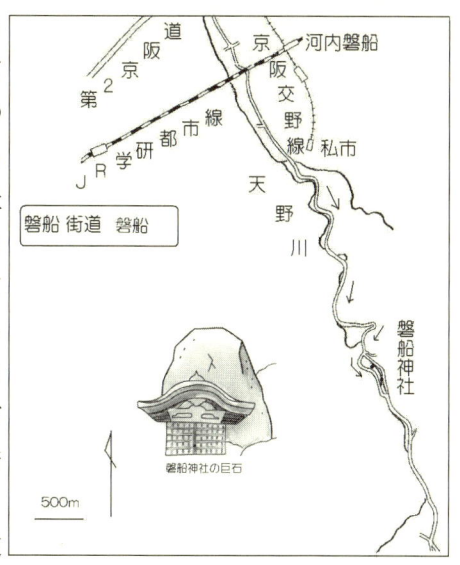

歩いていくと大きなトンネルが見えてきます。トンネルの手前に天野川を渡る橋があり、磐船神社の案内が出ています。橋を渡りかつての磐船街道へと入っていきます。コーヒーハウスを通りすぎると磐船神社に到着します。

　帰りは、元来た道を戻って京阪私市駅に出るか、神社前の磐船街道を南に進み、2kmほど国道168号を歩くと国道163号との交差点北田原大橋付近のバス停からバスで最寄りの私鉄駅に出るかのどちらかの方法となります。ただし、北田原大橋付近を通るバスの便は非常に少ないですので、このルートを利用するときは事前に調べておく必要があります。

＜この街道付近の地学的見所＞

　◎磐船渓谷は先行谷

　京阪私市駅をあとにして、街道を歩いていくと急に谷が深く両側から山が迫ってくる地形となります。カーブの多い道を歩くことになります。このあたりから磐船神社までの間、道はカーブを繰り返しながら急こう配を上っていきます。天野川は奈

磐船街道　67

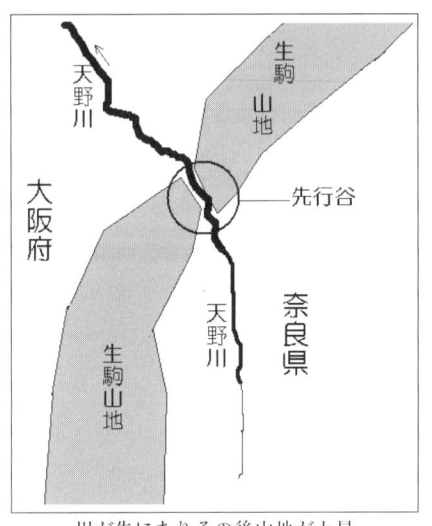

川が先にありその後山地が上昇
してきたためできた先行谷

良盆地北部を源とし、生駒山と交野山を結ぶ花こう岩でできた地層の間を流れています。大阪平野に流れ出るあたりで生駒山の麓にある生駒断層を横切っています。断層活動により地盤が隆起しても、天野川は流域周辺の山が隆起するよりも早い速度で下方侵食を繰り返した結果、この渓谷付近に見られるような深い谷地形をつくりました。このようにしてできた谷を先行谷といいます。

◎**磐船神社の巨石**

深い谷の中をさらに歩き、かつての街道である旧道を進んでいくと、突然磐船神社の木々が見えてきます。このあたりも今はトンネルができ交通の便がよくなりました。

磐船神社の境内に入ると高さ12m、幅12mもある巨大な船の形をした磐座が眼に飛び込んできます。この巨石は「天の磐船」と呼ばれています。この巨石は、生駒山に多く見られる花こう岩と呼ばれる火成岩の仲間です。肉眼で観察すると光沢のある黒雲母やピンク色をしたカリ長石、そのほかに石英、斜長石が見えます。また、境内を流れる天野川に花こう岩が風化を

磐船神社の巨石

受け丸みを帯びた玉石が積み重なるように集まっています。ここでは巨石が他の岩の上に乗っているため、岩の隙間を通ることができることから岩窟めぐりの行が行われ、古代より修行の場としても知られています。

　磐船神社はこのように巨石が多く集まっていることから古代から日本人にあった巨石信仰の対象と崇められ、天の磐船は神が降臨のときに使った乗り物とされ、その岩がある磐船の地は聖地とされ信仰の対象になったと考えられます。

　磐船神社を通りすぎると、奈良盆地の北となる生駒市田原の平坦な地形を見ることができます。磐船神社から私市までの間が急こう配の地形であることが実感できます（『巨石めぐり』参照）。

（芝川）

山の辺の道

　山の辺の道は、我が国最古の道で、大和平野（奈良盆地）の東側に連なる山々の「山の裾」にあることから山の辺の道といわれたそうです。桜井市にある三輪山の麓から奈良市の若草山に並んでいる春日山の麓まで約35km続いています。古墳、古社寺、旧跡が多く点在して「歴史街道」そのものです。「東海自然歩道」に組み込まれており案内標識も要所にありますので安心して歩くことができます。また四季折々の変化に富む自然が美しくハイキングコースとして人気があります。

──────三輪周辺──────

大和三山を見晴らそう

　　最寄り駅：JR桜井線三輪〜柳本
　　歩く距離：約7.5km（やや上り下り道）

　三輪駅から東に500m、大神(おおみわ)神社があります。大神神社のご神体は、なだらかな曲線で優しい感じのする三輪山（467.1m）です。そのため拝殿は山の麓にあり、参道は少し上りになります。二の鳥居をくぐり、森林に囲まれた参道を進むと左側に祓戸(はらえど)神社があり、その先に縁結びの夫婦岩があります。

　階段を上がると拝殿があり、ここから北西側に下ると、真新しい建物の祈祷殿が見えます。この祈祷殿前の広場の奥隅に

「くすり道」と呼ばれている細い道があり、製薬会社などが奉納した灯籠や、薬木、薬草があります。そこを通り抜けて行くと、大神神社の摂社、狭井神社があります。狭井神社に行く左側に池がありますが、そこを左に行けば小高い丘で、大美和の杜と呼ばれる展望台に上って行けます。

<この街道付近の地学的見所>

◎縁結びの夫婦岩

2つの岩が仲良く寄り添っているように見えます。大きさは高さ60cm、210cm×150cmです。ご神体と同じ斑れい岩で、太陽光線があたるところを、角度を変えてみると鉱物の反射で部分的にきらきらと輝いているところがあります。

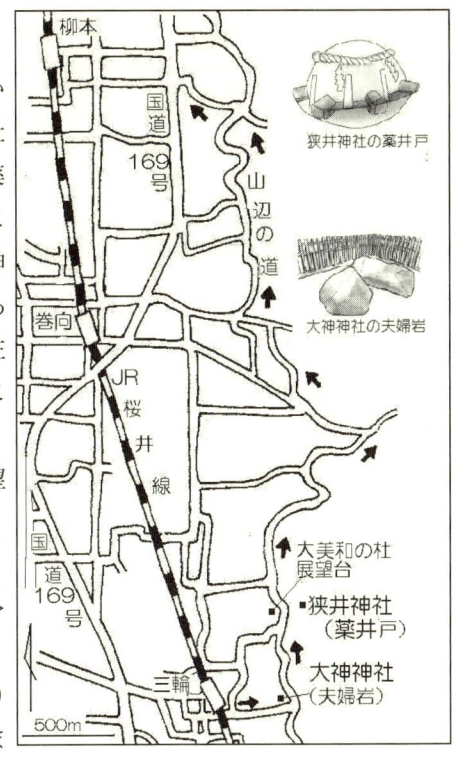

昔、大和にそろって長命な夫婦が住んでおり、たいへん夫婦円満だったという話や、三輪の神様と人間の女性の恋物語があった話が伝わっています。この岩に祈れば、縁結び、夫婦円満、子宝に恵まれると伝えられています。

◎薬井戸

狭井神社の神殿の左側奥にあり、三輪山から涸れることなく

大和三山（右から畝傍山、耳成山、香具山）

湧き出る「御神水」です。狭井神社は御本社の「荒魂」をお祀りしており、身体健康、病気平癒の神様として篤く信仰されています。薬井戸の水は万病に効くと言われ、無病息災を祈って汲みに来られています。

◎**大和三山**

　山の辺の道から大和三山が見える場所は数か所ありますが、一番の絶景スポットは大美和の杜展望台です。ここは、1985（昭和60）年に開園され、展望台からは東直近に三輪山の稜線を仰ぎ、また西真下には大神神社の大鳥居とともに大和三山、二上山などが見渡せる素晴らしい見晴らしです。

　向かって左手から、香具山、耳成山、畝傍山です。香具山（152m）は、他の二山と違って火山ではなく、多武峰山系から延びた尾根が、侵食で残った部分が独立峰に見えるようになった山です。畝傍山（198.5m）は、大和三山の中で最も高く、火山が噴出してできた山です。耳成山（140m）は、大和三山の中では最も均整のとれた円錐状の美しい姿をしています。もともとは火山でもっと高い山でしたが、盆地の陥没で沈下して山の頭部だけが残ったようです。

　　　　　　　　　　　　　　　　　　　　　　　（榎木・冨田）

山田道

　山の辺の道の南端である桜井からさらに南に飛鳥に向かう道は古道として有名な山田道があります。7世紀の古代の国道といわれています。桜井から安倍文殊院、山田寺、飛鳥資料館、甘樫丘と経て橿原神宮に向かう道です。この道のすぐ南の飛鳥地方には多くの石造遺跡があります。

―――――――飛鳥周辺―――――――

不思議な石造物めぐり

　最寄り駅：近鉄橿原神宮前〜奈良交通バス飛鳥資料館前
　歩く距離：約3km（ゆるやかな上り下り道）

　近鉄橿原神宮前駅で下車し東にまっすぐ続く道が山田道です。駅から北西の方向に小高い山が見えますがこれが畝傍山です。東に進むと石川池が見えてきます。その淵を通りしばらく行くと飛鳥川に出ます。ここから川に沿って上流に行くと小高い丘が見えてきます。これが甘樫丘です。150mくらいの高さですので、登ってみましょう。明日香一帯を見渡すことができます。そしてまたもとの山田道へ戻り飛鳥資料館まで歩きましょう。ここからはバスに乗ってもとのところへ戻る方法や飛鳥の史跡をめぐる方法などがあります。

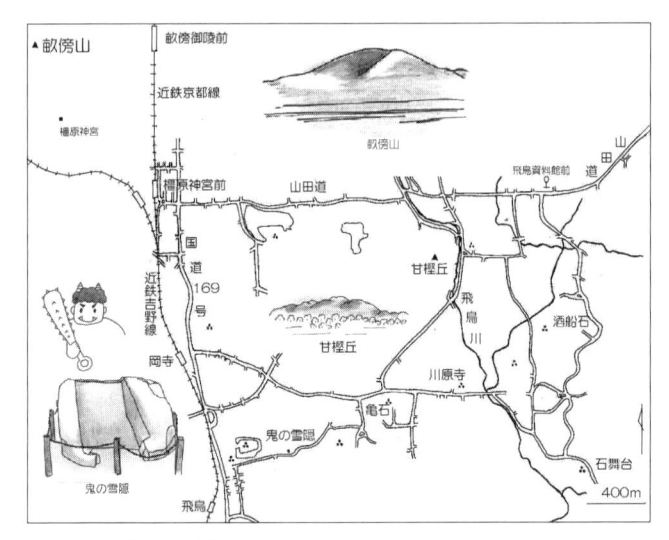

<この街道付近の地学的見所>

◎甘樫丘

　山田道と飛鳥川の交わっているところから少し南に小高い丘があります（標高145m）。盆地の中にこんもりと盛り上がっているこの小さな丘は花こう岩（黒雲母角閃石花こう岩）でできています。約1億年前に地下でマグマが冷え固まったものが現在地表に顔を少し出しています。この丘の上から大和三山を眺めることができます

◎大和三山（畝傍山、耳成山、香具山）の1つ畝傍山

　山田道の終点に当たる橿原神宮近くに畝傍山があります。海抜198.5mあり、大和三山の中で一番西にあり、また一番高い山です。この山の麓は花こう岩でできていて、中腹以上は流紋岩でできています。このことから約1億年前にできた花こう岩のところへ、約1500万年前に下から流紋岩質のマグマが貫入し

てきて火山噴火が起きたと考えられます。当時の火山地形は侵食されて残っていませんが、火道（マグマの通り道）付近が残って凸状の地形になったものが畝傍山です。この火山活動は瀬戸内火山帯の1つとして起きました。

畝傍山

<足をのばせば＞

◎鬼の雪隠・鬼の俎

　これらの石造物は、今では離れたところにありますが、もともと1つの古墳の石室でした。その上部が、丘の下の方に落ちてひっくり返ってトイレのように残ったものです。また石室の底板は俎のように見えたため、鬼の雪隠・鬼の俎といわれるようになりました。どちらの岩もこの周辺に広く分布する花こう岩類で造られています。

◎亀石

　大きな饅頭のような形で、長さが4m、幅が2m、高さが2mです。南西方向の下側に亀に似た顔が彫ってあります。愛嬌ある表情の亀石は訪れる人々の人気者です。

　伝説では「昔、大和が湖であったころ、湖の対岸の当麻と、ここ川原の間にけんかが起こりました。長いけんかのすえ、湖の水を当麻にとられてしまい、湖に住んでいたたくさんの亀は死んでしまったそうです。何年か後に亀をあわれに思った村人たちは、亀の形を石に刻んで供養したそうです。今、亀は南西

鬼の雪隠

亀石

石舞台

を向いているが、もし西を向き当麻をにらみつけたとき、大和盆地は泥沼になる」というちょっと怖いお話です。実際には、いつ何の目的で作られたかはわかりません。

　花こう岩で約40tの大きな岩です。表面はざらざらしていて、白い石英の部分がよく残っています。

◎石舞台

　入場料がいります。この大きな石組みは、もともと土のある方形墳であったそうですが、封土は失われてしまい、巨大な天井石が露出しています。巨石で囲まれた玄室は長さ7.8m、幅3.4m、高さ4.8mもあり、大小30数個の花こう岩が使われています。7世紀初めに造られたそうですが、被葬者は不明だということです。ただ、この地に蘇我馬子の庭園があったことから、馬子の墓ではないかと言われています。

◎酒船石

　酒船石遺跡は有料です。酒船石は石の長さは5.5m、幅2.3m、厚さ1mの大きな岩です。昔お酒を造るための道具だったとか、油を搾るためのものだとか、薬を作るためのものではないかと、さまざまな説がありました。

　この石の近くで、水を引くための土管や石樋が発掘されていることや、麓にある亀形石造物などの発掘によって、庭園施設の一部だったと考えられています。

　岩は、花こう岩でできているので、おそらくこの周りに多く分布している花こう岩を利用して造ってあると考えられます。

　＊以上の石造物については『巨石めぐり』を参照してください。

（榎木・富田）

山陰街道

　山陰街道は古代行政区分の1つである山陰道を通る街道です。「京の七口」（京につながる街道の代表的な出入口）の1つである丹波口から「老の坂」を越えてかつての名前である丹波、丹後、但馬、因幡、長門を通り、小郡で山陽道と交わる総延長700kmを超す街道です。当時の街道区分では小路とされています。

　京の出口となっていた丹波口は現在の七条大宮付近でJR嵯峨野線（山陰本線）に「丹波口」という駅があり当時をしのばせています。

　明治時代までは、山陰道、丹波街道、丹波路といわれ京に向かうときには京街道や京道などといろいろな名称で呼ばれていましたが、明治時代に出された京都府令により「山陰街道」に統一されています。現在の国道9号がほぼ山陰街道に沿って走っています。

───────── 夜久野周辺 ─────────

噴火でできた高原

　　最寄り駅：JR山陰本線上夜久野〜下夜久野
　　歩く距離：約8km（ゆるやかな下り坂）

　上夜久野駅で列車を降りると目の前には夜久野高原の景色が広がっています。北西方向には宝山が見えています。駅から少

し南に行ったところに道の駅「農匠の郷やくの」があり、ここから少し北に夜久野町化石・郷土資料館があります。国道９号に出て京都方面に歩いていきます。下夜久野駅を越えて少し行ったところのＴ字路を南に進み牧川を渡ると福知山市役所夜久野支所があります。支所の前には東経135度子午線標柱があります。国道９号に戻り、下夜久野駅まで歩きます。

＜この街道付近の地学的見所＞

◎夜久野高原

　上夜久野駅から見る風景一帯は夜久野高原と呼ばれ、２億年以上前の古い基盤岩の上に10数万年前に流出した玄武岩質溶岩によってできた高原です。その火山活動の中心は標高350mの宝山（田倉山）で駅の北西方向に見えます。宝山は京都府で唯一の火山です。この火山からは少なくとも３回以上の大噴火があったと考えられています。噴火で流出した溶岩は古い順に小倉溶岩、衣摺溶岩、田倉山溶岩と呼ばれています。この溶岩が夜久野高原と呼ばれる台地を形成しました。また、噴火の中心とされている宝山は最後の噴火で噴出したスコリア（火山噴出

夜久野町化石・郷土資料館

物の一種）が積もってできたものです。

ここには縄文時代から弥生時代、古墳時代にかけての遺跡が多く残っています。また、縄文晩期の菖蒲池遺跡をはじめとして遺跡群や古墳群が点在しています。

◎夜久野町化石・郷土資料館

上夜久野駅のすぐ南にある道の駅「農匠の郷やくの」の北にある資料館です。この付近では、発見されたこの場所にちなんで名前がつけられた約2億年前のアンモナイトの一種であるホランヂテスヤクノエンシスや舞鶴帯の示準化石となっている二枚貝類のミネトリゴニアヘギエンシスなどの貴重な化石が見つかっています。夜久野全体の地質、昔このあたりが海の底であったことを証明する化石や遺跡、出土品を展示しています。

◎子午線標柱

ご存じのように、日本の基準経度は東経135度です。ここ夜久野町を通っています。そのことを証明しているのが、現在福知山市役所夜久野支所の前にある子午線標柱です。初代の標柱は1925（大正14）年に立てられました。現在のものは3代目で1990（平成2）年に立て替えられたものです（緯度：北緯35度19分12.6秒）。

<足をのばせば>

◎やくの玄武岩公園

上夜久野駅東側の道路を南へ、国道9号を渡って進むと道な

夜久野高原の玄武岩公園

りに約30分で「やくの玄武岩公園」です。

　規模は城崎温泉近くの玄武洞ほどではありませんが、宝山から流れ出た玄武岩質溶岩でできた見事な柱状節理構造を保存しています。かつては、石切り場であったこの場所では高さ15m、幅150mほどの柱状節理の露頭を見ることができます。それぞれの柱状節理は幅40cm〜50cm程度で垂直方向に発達しています。上の方を見ると弧を描くようにゆるく湾曲した構造になっています。

　柱状節理は流れてきた溶岩が冷えるときにできる六角形の構造をしたものです。ときには四角形や五角形構造のものもあります。マグマの流れた方向に対して直角方向にできます。

(安部)

丹後街道

　丹後街道は、越前国（福井県）敦賀津（敦賀市）から若狭国を横断して京都府舞鶴市、宮津市へ通じた街道です。丹後街道は越前側からの呼称で丹後からは若狭街道と呼ばれました。現在、敦賀市から舞鶴市間は国道27号によって引き継がれています。

―――――― 天橋立周辺 ――――――

日本三景の1つをめでる

　　最寄り駅：北近畿タンゴ鉄道宮津線宮津～岩滝口
　　歩く距離：約8km（ほぼ平坦な道）

　丹後街道は西の端に当たる宮津市天橋立までの街道です。日本三景の1つである天橋立があるためなど古くから日本海側の主要な陸路として栄えてきました。
　宮津駅を出て北の宮津湾の方に向かいます。湾に沿って国道176号が通っています。この国道を西に向かいます。西宮津公園の手前からは国道を離れ旧道（県道2号）に入りさらに北西に歩いていきます。国道の下をくぐり宮津線に沿った海岸の道を北に歩いていきます。しばらく行くと天橋立です。天橋立では磯清水に寄って再び県道2号を阿蘇海に沿って歩いていくと岩滝口駅に出ます。岩滝口駅では長命いっぷく名水に寄ってみ

大内峠の一字観公園から見た天橋立

ましょう。

＜この街道付近の地学的見所＞

◎天橋立

　日本海の宮津湾にある天橋立は、陸奥の松島・安芸の宮島とともに、日本三景の特別名勝の1つです。その成り立ちは、対馬海流が丹後半島を回り込むと宮津湾に沿って南下し沿岸流となります。この流れは丹後半島から供給される土砂を北から南へ運びます。この湾岸流と野田川の流れが釣り合い、海底に土砂が堆積して砂州となったものが天橋立です。

　江戸時代の初め、砂州はまだ橋立明神までしかなく、水路が広くあいていたと伝えられています。その後、砂州は成長し現在のような大天橋と東へ延びる小天橋ができました。しかし第二次大戦以降、砂州の成長が止まり、逆にやせ細り始めました。原因は丹後半島から供給される土砂が減少したためと考えられています。現在では、防波堤や沿岸流に砂を補給する対策がとられています。

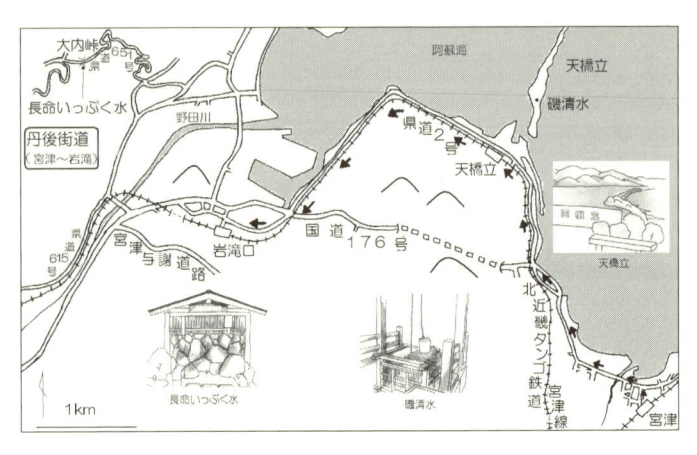

磯清水

長命いっぷく名水

幅は約20〜170m・全長約3.6kmの砂嘴でできた砂浜で、大小約8000本もの松が茂っている珍しい地形で、逆さに見ると天に架かる橋のように見えることから天橋立の名がつきました。北側の傘松公園から「股のぞき」で見るのが美しいといわれています。

◎磯清水

　天橋立の中ほどに日本名水百選に選ばれている「磯清水」があります。四方を海に囲まれた場所にもかかわらず、少しも塩味を含んでいないことから古来不思議な名水といわれ、「長寿の霊泉」ともいわれています。平安中期の女流歌人の和泉式部は、この湧水を次のように詠んでいます。「橋立の松のもとなる磯清水都なりせば君も汲ままし」　なぜ真水が幅100m程しかない砂州の中に湧き出ているのでしょうか。その謎はまだ明らかにされていません（『湧き水めぐり1』参照）。

<足をのばせば>

◎長命いっぷく名水

　北近畿タンゴ鉄道宮津線岩滝口駅下車。天橋立が一望できる大内峠の一字観公園。そのすぐ横に「長命いっぷく名水」と呼ばれる湧水があります。徳川時代に峰山藩が参勤交代のときに使った道で、また、海上貿易の拠点であった岩滝町へ往来する人々が、この峠で景色を眺めて一服したところといわれています。峠の水ということもあり、その水量はあまり多くはないですが、美しい景観と自然水が得られる場所だけに多くの方が訪れています（『湧き水めぐり1』参照）。　　　　　　（安部）

山陽道

　古代、中央と大宰府を結ぶ西国道は、当時、5畿7道の1つで国内最重要路線。7道の中で唯一の大路でした（東海道・東山道は中路、それ以外は小路）。西国街道は平城京や平安京と九州大宰府を結ぶ重要な道路で古くは山陽道と呼ばれていました。大化の改新（645年）以後に整備された主要7道の1つです。重要な幹線道路ということから道幅も場所によっては幅12m近くに整備されていました。

　山陽道は兵庫県の西部から山口県までの瀬戸内側を通る道を指していましたが、江戸時代になりますと、西国道は瀬戸内の海上交通の発達により重要性が減少して「中国路」と名を変え、脇街道の地位に下がり、かつ大阪から出発するようになりました。

――――――明石市周辺――――――

明石海峡をながめながら

　　最寄り駅：JR山陽本線明石～塩屋
　　歩く距離：約8km（平坦路）

　JR明石駅改札口を出て、南に向かい山陽道（国道2号）に出ます。明石駅前交差点から国道を東に神戸方面に向いて歩きだします。いかにも明石らしい町名の天文町に入ると人丸前交差

点があります。この交差点を左折し坂を上ると天文科学館です。

そのまま、神戸方面に向かいます。右手に明石海峡や淡路島、明石海峡大橋を見ながら1時間弱ほど歩くと明石海峡大橋のたもとに着きます。明石海峡大橋の基盤や「橋の科学館」があります。さらに1kmほど歩くと線路越し山手側に五色塚古墳が見えてきます。山陽道をそのまま東に進むと30分ほどでJR塩屋駅です。

このコースは交通量の多い国道2号ですので車には十分注意をしましょう。

＜この街道付近の地学的見所＞

◎明石市立天文科学館

1960（昭和35）年6月10日「時の記念日」に開館し、2010（平成22）年に開館50周年を迎えています。地上54mの展望塔は日本標準時子午線（東経135度）の標識を兼ねています。また、大型プラネタリウムも備えられ、当時としてはめずらしいドイツ民主共和国（旧東ドイツ）の投影機が設置されています。塔の南面に設置されている直径6.2mの大時計は阪神淡路大震災の発生時刻で停止をしましたが、その後復旧し今も「時のまち明石」のシンボルとして市民に親しまれています。

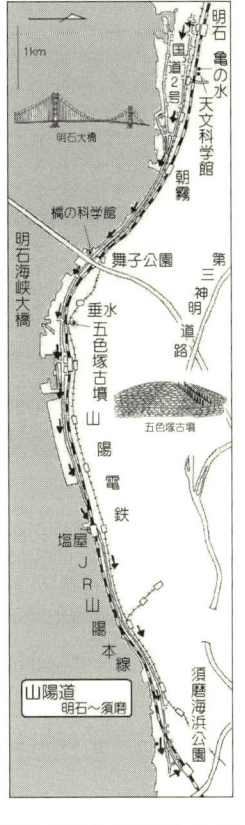

経度には「天文経度」と世界共通の基準を定めた「世界測地

明石市立天文科学館　　　　　　明石海峡大橋の基盤

系」の2種類あります。基準が異なるため同じ経度であっても両者の間にはズレがあります。同館が立地する天文経度の東経135度子午線は、世界測地系の東経135度子午線より、約120m東に位置しています。

◎**名水亀の水**

　天文科学館から50mほど西に行ったところにある湧き水です。

　すぐそばの月照寺や柿本神社への参拝者が利用しやすいように石亀の口から水を流して大きな瓶で受けるようにしたところ、多くの方に喜ばれ「名水亀の水」と呼ばれるようになりました。ちょっと怖い顔をした石亀は享保4年（1719）に常陸の国（茨城県）の飯塚宣政氏が寄進したものです。今でも多くの人が湧き水を汲みに来ています。月照寺には「水琴の妙音」という柄杓で水を流すと美しい音がする竹筒があります（『湧き水めぐり1』参照）。

◎**明石海峡大橋の基盤**

　1998（平成10）年に開通した全長3911m、中央支間1991m、主塔高298.3mを誇る世界最長のつり橋です。この大橋を支える基盤の地質は本州側では神戸層群、淡路島側では花こう岩に

五色塚古墳 　　　　　　　　葺石

なっています。建設にあたっては本州側の神戸層群が風化しやすい地層であることから、60m以上の深さまで掘削した後、神戸層群の地層が空気に触れないうちに固めるという工法がとられました。建設途中で阪神淡路大震災があり、中央支間は当初1990mであったものが1m伸びたとのことです。

　明石海峡大橋の詳細については神戸市垂水区の舞子公園内にある「橋の科学館」で見ることができます。

　◎五色塚古墳の葺石

　全長200m近くもある兵庫県下最大の前方後円墳です。造営当時のままに再現された復元方法で全国的に有名になりました。今から1500〜1600年前には、現在見られるように多くの石で覆われていました。これらの石は葺石と呼ばれ、古墳全体では223万個使われたと推定されています。

　墳丘の斜面は上・中・下の3段に分かれています。墳丘を覆っている葺石に使用されている石の種類は使われている場所によって少し異なります。下段の石は近辺の地層からのもので、種類は花こう岩が最も多く見られます。

　他にもチャート（堆積岩）や砂岩・流紋岩などが含まれていますが、これらの岩石の産地は丹波盆地付近と考えられます。

上・中段の石は花こう閃緑岩のれきが最も多く、産地は『日本書紀』から対岸の淡路島であると推定されます。五色塚の名も淡路の五色浜の石を使用したからとの説があります。

古墳の復元に当たっては、できる限り築造当時のものに近づけるため、葺石も同じ場所から集めようと考えられました。しかし、十分なれきが集まらないため、他府県からもたくさん石が運ばれました。

なお、古墳の近くに資料館があり、発掘当時の様子や遺物などが展示されています。

＜足をのばせば＞
◎神戸市立須磨海浜水族園
塩屋駅から東に3kmほど行ったところに須磨海浜公園があります。その中にある水族園です。さまざまな海の生物の展示やイルカなどのアトラクションだけでなく、社会教育の一環として大学生や専門学校生の実習の受け入れ、中学生の職業体験、研究の手伝いなど幅広く活動をしています。　　　（安部）

――――――――― 姫路市周辺 ―――――――――

姫路城で使われている自然石

　最寄り駅：JR山陽本線姫路〜宝殿
　歩く距離：約8km（平坦路）

JR姫路駅で下車し、北口正面に見える姫路城へと向かいます。大手門の交差点を通りすぎると姫路城に行くことができま

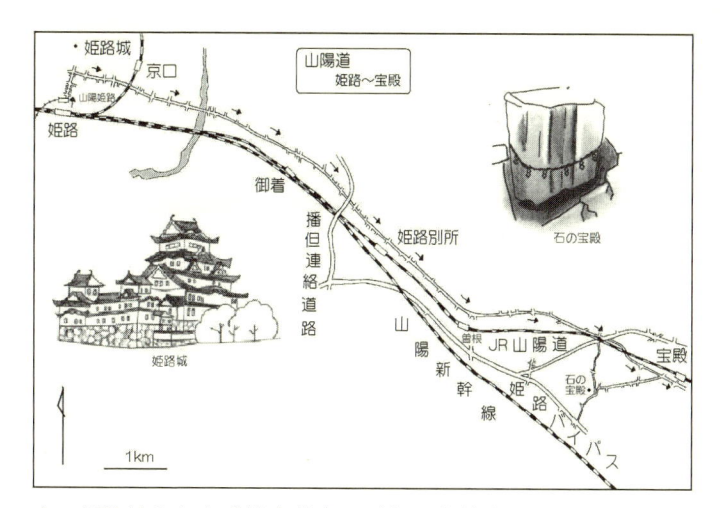

す。姫路城から大手門交差点に戻り、交差点から山陽道（国道2号）を東へと歩きます。2時間ほど歩くと国道2号バイパス高砂北ランプに着きます。ここから山陽道に別れを告げて県道392号に向かいます。JR山陽線の踏切を渡り歩いていくと神社が見えてきます。この境内にご神体となっている石の宝殿があります。神社からは県道393号を歩いていくとJR宝殿駅に到着します。

＜この街道付近の地学的見所＞

◎姫路城

姫路城は1951（昭和26）年に国宝に指定され、1993（平成5）年には世界文化遺産に登録されています。現在、平成の大修理といわれる大天守保存修理工事が2009（平成21）年10月から始まり、概ね5年間にわたって工事が続けられます。工事期間中は、大天守修理見学施設「天空の白鷺」で工事の様子を間

竜山石の石切り場

近に見ることができます。

　姫山に築かれた姫路城は白鷺城の名でもよく知られています。この城では、石垣をはじめさまざまな場所に自然石が用いられています。例えば「菱の門」には一辺が2m以上に切られた凝灰岩質砂岩、「はの門」には六角柱の花こう岩の灯篭の石と黒っぽいチャート（堆積岩）が見られます。

　その他にも目を引く石は石垣の中に網で覆われた「姥が石」と呼ばれる花こう岩製の石臼です。羽柴（豊臣）秀吉が姫山に城を築くとき、近くに住む老婆が石垣の材料にと差し出したものといわれています。天守閣の石垣など場所によっては花こう岩など白っぽい石も目につきます。

　特によく目につく流紋岩質の凝灰岩は、播州地方では「竜山石」と呼ばれ、昔から石材としてよく利用されています。この石は今から約1億年から8000万年前の火山活動によって地表に噴出してつくられた相生層群と呼ばれる地層を構成する岩石で

す。

◎竜山の「石の宝殿」

　高砂市阿弥陀町の竜山近辺は、古代から近畿地方の有名な石材の産地として知られています。ここで産出する岩石は「竜山石」と呼ばれ、特に古墳時代には近畿をはじめとして西日本各地で広く石棺や石室に用いられていました。この岩石は流紋岩質の凝灰岩です。この岩石は姫路城の石垣に多く使われています。

生石神社の神体

　竜山近辺には多くの石切り場が今も見られますが、その地域の中に「生石神社」という由緒ある神社があります。この神社の神体になっているのが「石の宝殿」と呼ばれる巨大な立方体の竜山石です。立方体の一辺は、それぞれ6ｍ前後もあり、基部は四方からえぐられ溝となっており水がたまっています。水面より40cmほど浮き上がった状態だから、池中に浮かんでいるように見えますので「浮石」と呼ばれたりしています。

　多くの謎につつまれ、仙台塩釜神社の塩釜、宮崎県霧島神社の天逆鉾と並んで日本三奇の１つに数えられています（『巨石めぐり』参照）。
　　　　　　　　　　　　　　　　　　　　　　　　（安部）

篠山街道

　篠山街道は、京の都と山陰地方を結ぶ山陰街道の交通の要所であった亀岡を起点として丹波の国篠山を結ぶ全長およそ30kmの街道です。京都河原町近くの交差点には「右丹後みやづ、左篠山福住」とかかれた道標があり、現在の国道372号がほぼ篠山街道に沿って走っています。亀岡市宮前町猪倉あたりからは国道372号から離れて昔からの集落を結んでいる街道筋が残っています。南丹市でもところどころ旧街道が残っています。特に南丹市と篠山市をわける天引(あまびき)峠付近では国道372号は天引トンネルを通りますが、旧街道は峠越えの道でした。

　交通量の多い道ですから、通行には注意が必要です。

―――――――亀岡市周辺―――――――

京から篠山へ向かう峠越え

　最寄り駅：JR山陰本線亀岡～京阪京都交通バス湯の花温泉
　歩く距離：約10km（ルートの高度は約100m～140m）

　亀岡駅から亀岡市役所前を通り、加塚交差点に出ます。ここから国道372号を京都丹波道路に向かって歩きます。京都丹波道路に沿って北上し、500mほど歩いた三差路から国道372号を西に向かって歩いていきます。稗田野地区に入り脇道にそれて桜天満宮を目指します。そのあと再び国道372号に戻り、湯

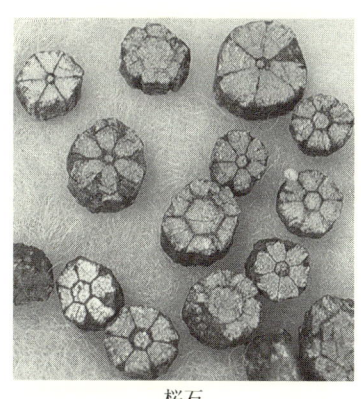

桜石

桜天満宮の桜石発掘場所

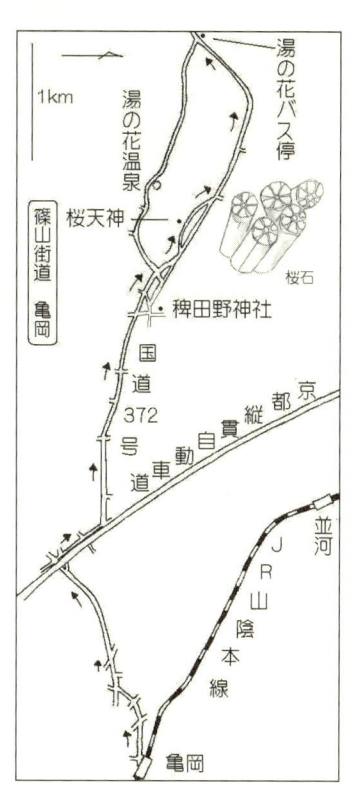

の花温泉へと歩いていきます。このコースはだらだらとした上り坂が続くので、京阪京都交通バスで湯の花温泉に向かい逆コースを歩くのも方法です。

<この街道付近の地学的見所>
◎稗田野の桜石―菫青石

亀岡市稗田野町桜天神（桜天満宮）境内付近に露出している桜石は、鉱物学的には菫青石仮晶と呼ばれるものです。六角柱状の結晶の断面が直径5mm程の花びらに見えます。花こう岩マグマが貫入し、周りの泥岩が熱変成を受けると菫青石が生

篠山街道 95

長寿の滝

まれ、その後内部は小さな緑泥石や白雲母の集合体に変質します。このように鉱物の外形だけを残し、化学組成や結晶構造の異なる鉱物に変化したものを仮晶と呼びます。この菫青石仮晶の表面が風化すると、桜の花びらのように見えるのです。菫青石仮晶が、このような形で現れるのは世界的にも珍しく、国の天然記念物となっています。

◎**長寿の滝**

稗田野神社（亀岡市稗田野町佐伯）の境内に湧く名水で「長寿の滝」と呼ばれています。神殿をくぐり出て杉の巨木の根元から湧き出ています。立札には「全国で2番目においしいといわれている亀岡市の水がご本尊の中をくぐり、霊験あらたかな長寿の御幸水となって滝の口から出しています。世界で1番短い滝」と書かれています（『湧き水めぐり1』参照）。

◎**湯の花温泉**

京の奥座敷ともいえる湯の花温泉は戦国時代から武将たちが戦でうけた刀傷を癒したとされる歴史ある温泉です。この近く

で産出する天然記念物となっている桜石の霊験あらたかなる力で退治された鬼の涙が温泉の湯になったという言い伝えもあります。鬼退治といえば節分の豆まき行事がありますが、この桜石が「節分の豆」として全国に広がったとされています。

真名井の水

<足をのばせば>
◎**真名井の水**

亀岡市千歳町の出雲大神宮の境内にある湧水。真名井の水は、同神社のご神体である千年山（御影山）から湧き出た水で水量が豊富。千年山は約2億年前の砂岩や石灰石などの地層と約1億年前にマグマが入ってきて、熱による変成を受けてできた変成岩が分布しています。その岩石の中を通ってきた湧水です。表示には「金、銀、珪石、カルシウムなどミネラル成分が豊富で、延命長寿水として、飲み水やコーヒーなどに使われている」と書かれていました（『湧き水めぐり1』参照）。

◎**出雲大神宮の磐座**

この磐座は本殿の真裏にあり、千年山からの転石の1つだろうと考えられます。大きさは高さが約3m、横3m、幅2.5m。この磐座は砂岩と呼ばれる石でできています。砂岩は砂が堆積して固まったもので、粒子の大きさが1／16〜2mmです。粒は石英、長石や岩石片などでできています。粒の大きさや種類などから、供給地からの距離や堆積当時の古環境など古

地理を考えることができます。

磐座から少し離れた上の斜面に古墳があり、古墳の石室を作っている石もほとんど堆積岩です。この古墳は5世紀から6世紀初めの横穴式墳墓といわれています。千年山への登山口にも多くの磐座がありますが、全く同じ種類の砂岩です（『巨石めぐり』参照）。

出雲大神宮の磐座

◎るり渓

「京都の自然200選」地形地質部門に選ばれている風光明媚な約4kmにもおよぶ園部川の渓谷です。この渓谷の上流部をつくっている岩石は、約1億年前に噴出した溶結凝灰岩を主体とする花こう岩です。渓谷の一番奥にある通天湖に近づくと、河床の岩石には水平方向の割れ目が発達し水は浅く広がって流れています。岩の上を水が転がるように流れることから玉走盤（ぎょくそうばん）と名づけられたところもあります。このほかにも鳴瀑や掃雲峰、水晶簾といった滝や奇岩が渓谷に点在していて「るり渓十二勝」といわれる景勝をつくっています。

通天湖近くにはるり渓温泉をはじめ、るり渓少年自然の家などがあり1年を通して多くの人がハイキングなどに訪れています。水の流れがきれいなことからカジカや特別天然記念物のオオサンショウウオが生息しています。

1996（平成8）年には環境庁の「残したい日本の音風景百選」にも選ばれています。

(安部)

但馬街道

　但馬道は播磨国と但馬国を結び中国山地を貫く南北の道でした。現在は国道312号がそれにあたります。この道は温泉として有名であった湯嶋（城崎）への湯治ルートとして利用され同時に、生野銀山から産出した銀、銅等を運ぶ産業道路としての性格も帯びていました。「銀の馬車道」とも呼ばれ、一種の高速道路でした。

　街道は姫路から北上し、生野峠を経て和田山に至っています。生野鉱山のあった生野までは生野街道とも呼ばれ、和田山から八鹿までは、一部が古代の山陰道と重なっています。八鹿から城崎までは豊岡街道と呼ばれていました。

――――――――城崎周辺――――――――

地形・地質の博物館

　　最寄り駅；JR 山陰本線城崎温泉～豊岡
　　歩く距離：約10km（平坦路）

　城崎温泉極楽寺の独鈷水や城崎温泉を満喫した後、円山川に出ます。円山川に沿って上流へと但馬街道（県道3号）を歩いていくとJR玄武洞駅に着きます。駅近くには「二見の清水」があります。駅から円山川に出て対岸の玄武洞に行くために渡し船に乗り玄武洞と玄武洞ミュージアムを訪れます。再び渡し

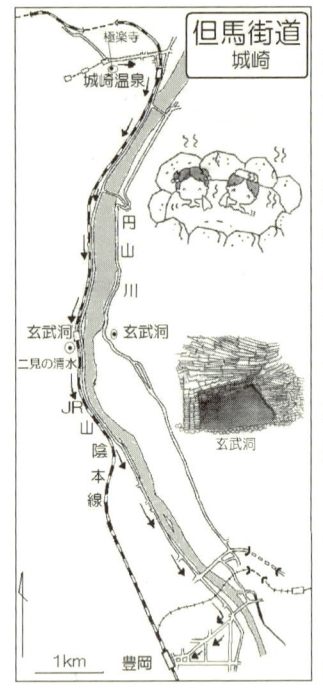

船で玄武洞駅に戻り、円山川沿いに歩いていきます。豊岡大橋をくぐり、北近畿タンゴ鉄道宮津線の踏切を渡り、堀川橋西詰交差点を右折して豊岡駅に向かいます。玄武洞から渡し船で玄武洞駅に渡らず県道548号で豊岡駅に向かうルートもあります。県道548号は円山川を挟んで但馬街道の対岸を通っています。

＜この街道付近の地学的見所＞

◎城崎温泉

　城崎温泉は兵庫県豊岡市城崎町にある温泉。平安時代から知られている温泉で1300年の歴史をもち、江戸時代には、その泉質が「海内第一泉（かいだいだいいちせん）」と呼ばれていました。石造りの太鼓橋がかかる大谿川（おおたに）と柳並木は城崎温泉の代表的な風景。温泉街には7軒の外湯が点在。この「外湯めぐり」は温泉街の旅館に泊まると無料になるしくみで、浴衣姿でのそぞろ歩きが楽しめます。食塩泉で源泉温度は37〜83度。城崎温泉の中心を流れる川の護岸にはかつて切り出された玄武洞の石が使われています。

◎独鈷水

　城崎温泉「まんだらの湯」近くに極楽寺があります。この寺の境内にある湧き水が独鈷水です。極楽寺の門をくぐってすぐのところに竹筒から水が流れ出しています。

城崎温泉駅前「さとの湯」

　約400年前に道智上人が城崎を訪れたとき、病気に苦しむ人々を救うために独鈷杵で岩盤を突くと湧き出てきたといわれています。真夏に日照りが続いたときも決して涸れることはなく湧き出ています。水量はそれほど多くはありませんが口に含むと清涼感が口の中いっぱいに広がります。

◎玄武洞

　160万年前に起きた火山活動で噴出したマグマが冷却するとき、均等に冷却することで作りだした規則的な柱状節理です。約6000年前の侵食により地表に現れ、昔から人々が石材などに利用するために採掘をした跡が残ったものです。玄武洞のほか青龍洞、白虎洞、南朱雀洞、北朱雀洞の4つの洞窟があり、国の天然記念物、世界ジオパーク、日本の地質百選などに選ばれています。隣接して玄武洞ミュージアムがあり、玄武洞についての展示や世界から集められた鉱物が展示してあります。玄武洞の名は江戸時代に昌平黌の教官でもあった柴野栗山が、この地を訪れたときに「天下の奇勝・玄武洞」と命名したと伝えられています。玄武岩の名称もこの玄武洞にちなむもので1884

(明治17) 年の東京大学の小藤文次郎博士によって命名されています。玄武洞の溶岩に残された磁場の方向が現在とは逆になっていることが、1926（大正15）年京都大学の松山基範により発見されことも玄武洞を有名にしました。

　◎二見の清水

　玄武洞駅南にある二見の集落に向かう道を山に向かっていくと見えてきます。但馬道からは50m もない距離にあります。

　城崎町の上水道として利用されているために、周囲は取水用に整備をされています。城崎町の南にある来日岳から湧き出していて、湧き水はあふれんばかりの勢いで流れ落ちています。城崎温泉の温泉客が増えて、湯の使用量が増えると水量が減るといわれています。大正時代、井戸水を使っていた周辺住民は河川の増水などで水の確保に悩まされるなどしていました。そういった人々を救うために鉱山経営をしていた中江種造氏が現在の貨幣価値で200億円という巨額を投じて豊岡町では初めての上水道として整えたものです（『湧き水めぐり１』参照）。

＜足をのばせば＞
　◎重浪神社の御船石
　　しきなみ

　城崎温泉駅からから県道９号を南東へ３km ほど歩いた畑上にあります。森閑とした境内の社殿の横に御船石がどっしり鎮座しています。その昔このあたりは円山川の水がきており、社殿近くまで水に浸り波が寄せていた場所といわれています。そのことが境内に御船岩のある由縁ともされています。また御船石と呼ばれる磐境（岩石を用いた祭祀施設）ともいわれています（『巨石めぐり』参照）。
　　　　　　いわさか

玄武洞

玄武洞ミュージアム

二見の清水

但馬街道　103

山陰海岸ジオパーク

　周辺の地質は新生代第三紀の中新世の北但層群（約1500万年前）と呼ばれる地層が広がっているところです。れき岩、砂岩、泥岩や石英安山岩質などで構成されている地層群です。御船石は、その中の火砕岩と呼ばれる火山活動のとき噴出した火砕流が堆積して冷え固まったものです。

◎山陰海岸ジオパーク

　山陰海岸は、日本列島がかつてはユーラシア大陸の一部であったことを証明する岩石から現在に至るまでを見ることができる地質学的にも貴重な海岸です。丹後半島にある経ヶ岬から西へ鳥取市の白兎海岸までの東西およそ110km、南北およそ30kmが「山陰海岸ジオパーク」として2010（平成22）年10月に世界ジオパークに認定されています。多種多様な地質学的遺産があることから「地形・地質の博物館」ともいわれています。

（安部）

有馬街道

　有馬街道は、大阪や神戸から有馬温泉に至る街道の名称です。神戸からの街道は険しい山谷を行く難所続きの道でしたが、明治時代に整備され、現在は国道428号、県道15号を通って有馬に至る道となっています。大阪からは伊丹、宝塚を経て西宮の生瀬を通り有馬温泉です。この街道の方が、古代から有馬街道として名前が知られています。

　また秀吉によって有馬から姫路まで整備され、京都から姫路まで結ばれ、裏西国街道として利用されました。

―――――――― 有馬温泉周辺 ――――――――

有馬－高槻構造線の西端

　　最寄り駅：神戸電鉄有馬温泉～JR宝塚線生瀬
　　歩く距離：約8km（カーブが多い下り坂道）

　有馬温泉駅で下車して、温泉地周辺を見学したのち県道51号を生瀬に向かって下り坂の道を歩きます。途中白水峡や蓬莱峡といった侵食の激しい地形の場所を通ります。バス停にも「知るべ岩」という石に由来のある名前や、「座頭谷」といったように急峻な地形を思わせる名前が使われています。場所によっては道の傾斜が急なところもあり、車がよく通りますので注意して歩く必要があります。

<この街道付近の地学的見所>

◎有馬温泉

有馬温泉・金の湯

有馬温泉は太閤秀吉も愛用した関西の奥座敷と呼ばれる日本三大古泉の1つで『日本書紀』にも出てきます。有馬温泉は有馬-高槻構造線と呼ばれる活断層上にあるため、その割れ目に沿って地下深部から温泉水が湧き上がってきています。現在でも源湯は比較的浅いところから採られています。

温泉の主成分には単純性温泉、二酸化炭素泉、炭酸水素塩泉、塩化物泉、硫酸塩泉、含鉄泉、放射能泉の7種類があります。多くの成分が混ざる珍しい温泉です。

泉源として、有明泉源、炭酸泉源、太閤泉（飲泉場）、天神泉源、御所泉源、極楽泉源、妬（うわなり）泉源の7か所があります。

◎虫地獄・鳥地獄

有馬温泉の南にある愛宕山の麓にあります。付近一帯は地獄谷と呼ばれています。数十万年前の地殻変動による有馬-高槻構造線から分かれた的場山断層によってできた谷で

地獄谷の虫地獄

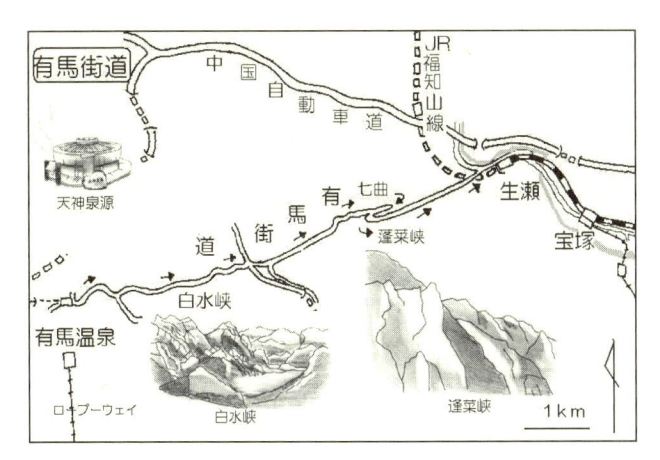

す。この辺りでは二酸化炭素が噴き出ていて、虫や鳥が死んだためにこのように呼ばれるようになりました。また、湧き出した地下水が良質の炭酸水であることがわかり、有馬サイダーの原料となりました。

◎ 袂石（たもといし）

 有馬温泉の玄関口となる太閤橋のそばにあり高さ5m、周囲19m、重さ130tもある大きな石です。有馬郡誌などには「湯泉神社の祭神・熊野久須美命が着物の袂からとりだし、乱暴者に投げた小石が大きくなったとか、大己貴命が病魔退散を祈って投げた石ともいわれ、袂石とか礫石（つぶていし）といわれています」という記録が残されています。

 この石は流紋岩という火山岩で、約1億年前の大規模な火山活動が起きたときに流れ出た溶岩が冷え固まったものです。この付近一帯にある凝灰岩の地層を有馬層群と呼んでいます。兵庫県には生野層群や相生層群など同じような地層群があり、当時の火山活動が大規模であったことがうかがえます。

蓬莱峡

◎白水峡と蓬莱峡

　有馬温泉から生瀬に向かって2kmほど歩くと白い地肌がむき出しとなった荒々しい光景が見えてきます。花こう岩がぽろぽろになって崩れやすくなった谷状の地形が道沿いに続いています。このあたり一帯を白水峡といいます。さらに4kmほど歩いたところでも再び同じような風景を目にします。蓬莱峡と呼ばれるところです。

　白水峡も蓬莱峡も有馬－高槻構造線の断層活動により岩石が破壊され水がしみこむことで風化がより進行しました。その結果、草木も生えないノコギリ状の荒れ地となりました。このような土地のことを「バッドランド」(悪地) といいます。

　昔はよくTVや映画のロケ地として利用されました。

（安部）

四国街道

　淡路島を通る四国街道は岩屋から福良までをおよそ53kmで結んでいます。山陽道から海を渡り淡路島の東海岸側を、大阪湾を左手に見ながら岩屋から洲本を経て、内陸部を通り福良に到着します。福良から船を使って四国へ通じる街道です。

―――――― 岩屋付近 ――――――

大阪湾を東にのぞむ

　　最寄り駅：岩屋港〜淡路交通バス釜口小井
　　歩く距離：約10km（ほぼ平坦な道）

　岩屋港を出発し、大阪湾を左手に見ながら国道28号をほぼ歩くことになります。歩き始めてしばらくすると絵島が見えてきます。ここでは砂岩層の地層と貝化石を見ることができます。絵島を過ぎてそのまま、国道28号に沿って、2時間30分あまり歩くと御井の清水に着きます。この間には明石海峡公園、淡路夢舞台、奇跡の星の植物館や海

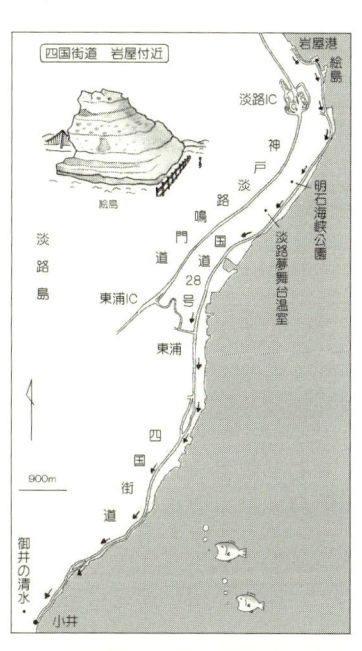

絵島

の駅などがあり、大阪湾の景色とともに自然を楽しむことができます。国道は交通量が多いですから、歩くときには車に十分注意してください。

<この街道付近の地学的見所>

◎岩屋の絵島

　岩屋港の南の端にある絵島は小さな島で、道路から橋が架けられていて渡ることができます。この島は約3500万年前の砂岩層でできています。表面を見ていくと砂粒の細かい部分と粗い部分との侵食による違いにより地層表面に美しい絵模様ができています。海水面のすぐ上の地層では二枚貝や巻貝の貝化石を観察することができます。

　またこの島の200mほど南には大和島という絵島と同じような地層でできた島があります。

◎明石海峡公園・淡路夢舞台・奇跡の星の植物館一帯

　この大きな公園はかつて野山でした。関西国際空港（KIX）建設に使用された埋め立て用土砂を削り取った跡地に造られたものです。展望台を兼ねている百段苑から見る大阪湾を一望する風景は素晴らしいものです。また、園内にある温室では非常にたくさんの花が展示されています。中でも中国雲南省をルーツとし、世界の花文化を変えたとされる雲南省の珍しい植物展

岩屋港から見た明石海峡大橋

示コーナーは必見です。公園全体には四季折々の植物が植えられており、訪れる人の心を癒してくれます。

◎御井の清水

　岩屋港から今は廃墟となった巨大な観音像の下を通り、2時間30分あまり歩くと釜口小井バス停が見えてきます。「名水サンスイ」の看板があるので、その横にある道を入ると喫茶店「サンスイ」があります。この駐車場の脇に水汲み場がありますが、汲むには有料です。

　実際の湧き水の湧き出し口はさらに山を登ったところにあります。喫茶店の横にある小道を15分ほど登り、竹林の中に入っていくと、しばらくして小屋が見えてきます。この小屋が実際の「御井の清水」の湧き出し口です。御井の清水は昔、天皇の御料水とされたという『古事記』にも登場する名水です。仁徳天皇が「朝夕、淡路島の寒水を汲みて大御水奉りき」と記されています。背後にある霊山妙見山の花こう岩の中を妙見山に降った雨が年月をかけておいしい岩清水となって湧き出したものです（『湧き水めぐり1』参照）。　　　　　　　　　（芝川）

北国街道

　北国街道は日本海に沿った北陸道と米原を通過する中山道を結ぶ街道で、滋賀県米原から福井県今庄までをさしていました。

　江戸時代には越前と京都を結ぶ重要な交通路でした。米原から湖北を、長浜、高月、木之本、柳ヶ瀬、椿坂峠（497m）、栃ノ木峠（539m）と経て今庄に出ました。

―――――――――――木之本・余呉湖付近―――――――――――

琵琶湖北部まち歩き

　　最寄り駅：JR北陸本線虎姫～余呉
　　歩く距離：約17km（ルートの高度は約90m～140m）

　湖北地域は琵琶湖の北東部で平野が広がり、それを三方の山が取り囲んでいます。羽衣伝説、壬申の乱、賤ヶ岳の合戦などさまざまな歴史の舞台になってきました。北陸地方や越前地方に抜ける北国街道、東へと抜ける中山道が通る重要な交通の要所であり、肥沃な土地を生かして古くから水耕が行われてきた地域です。今回はその北国街道を旧浅井家領地の虎姫から羽衣伝説が残る余呉湖まで歩きます。

　JR虎姫駅の西に国道8号が通っており、北国街道は一部国道8号と重なりながら北へと続いています。JR高月駅の東側

にある天皇の水、西側の湖畔の「西野放水路」に寄り道をしながら木之本を通り余呉湖ビジターセンターを目指します。

＜この街道付近の地学的見所＞

◎天皇の水

　JR高月駅から県道279号を東へ進み、高時川にかかる阿弥陀橋を渡り国道365号に入ります。橋から約200mのところを左折し県道332号に入りしばらく行くと高時川を渡る橋のたもとに小さな案内板があります。そこを右折し田んぼの中の道を進みます。200mほど行くと山沿いの道に出ます。そこを行くと「名水　天皇の水」の石碑があります。この湧水はかつて秀吉も戦の途中に飲んだといわれ、徳川時代の初期に病気にかかった息子に仙人のお告げ通り100日間飲ませ続けたら病気が治ったという言い伝えもあります。もともと近くの牛頭天王を祀る神社にちなんで天王の水と呼ばれていましたが、いつの間にか「天皇の水」に変わったということです。

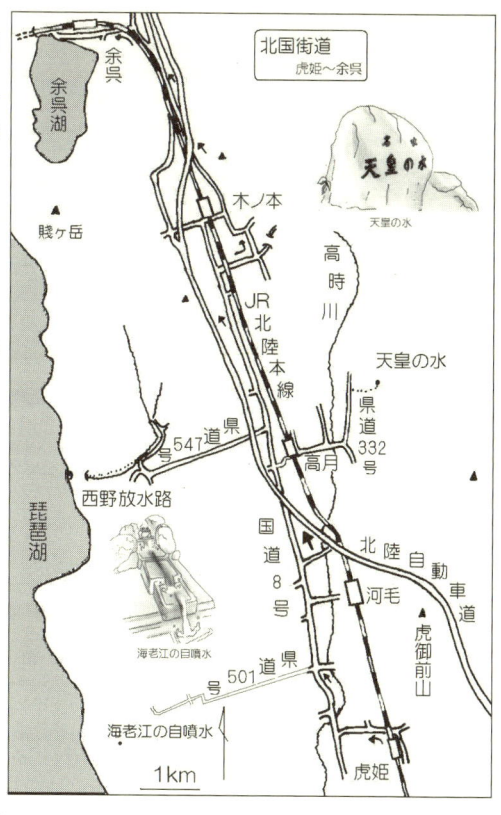

西野放水路入口　　　　　　湖畔側出口

◎西野放水路

　JR高月駅から西へ、国道8号を横切り湖岸の方へと行くと川沿いに「西野放水路」の看板があります。立派なコンクリートのトンネルがありますが、実はこれは3代目放水路で初代放水路は湖岸に向かってその右にあります。江戸時代、西野地区がしばしば余呉川の洪水の被害にあってきたことから村の僧の恵荘(えしょう)が、洪水時に余呉川の水を琵琶湖に放水することを発案、村人たちと5年の歳月をかけて全長約250mの岩穴を掘り抜きました。この初代放水路は実際に歩いて通り抜けることができます。頭をかがめ足首まで水につかりながら右に左に曲がる真っ暗なトンネルを歩いてみると当時の苦労がしのばれます。壁面を懐中電灯で照らしてみるとノミ跡がはっきりとわかり機械ではなく人の手で掘り進んでいったこともわかります。ヘルメット、長靴、懐中電灯は必携ですが、駐車場の奥に置かれているものを借りることもできます。

余呉湖

◎余呉湖

　琵琶湖は400万年前、現在の三重県上野盆地周辺に、断層の活動によってできた盆地に水がたまってでき、その後北上して現在の位置まで移動してきました。余呉湖は3万年前の地殻変動によって琵琶湖から独立してできたと考えられています。面積1.8km^2、周囲6.4kmの余呉湖はもともと注ぎ込む河川がなく湧水でできている湖でしたが、1958（昭和33）年、余呉川から導水路がひかれました。また、調節ゲートや放水路も設置され、現在は自然の湖ながら湖北地域の灌漑や余呉川沿いの洪水被害の軽減に役立つダムとしての機能も持っています。

　余呉湖付近には柳ヶ瀬断層と呼ばれる大断層が南北に走っています。その長さは福井県の板取付近から関ヶ原まで50kmにもおよび、1909（明治42）年には姉川地震（M6.9）が起こり、活断層と指摘されました。尾根、谷も南北に発達しているので、冬の季節風の通り道になっており豪雪地帯として有名です。冬は美しい雪景色とワカサギ釣りのスポットとしても人気

北国街道　115

で、冬鳥が多く渡来します。

余呉湖湖畔には鏡のように美しい余呉湖に魅せられて水遊びにきた天女が羽衣をかけたと伝わる柳の木があります。

羽衣伝説の柳の木

<足をのばせば>
◎海老江の自噴水

虎姫駅から国道8号を北に少し行き、県道501号を西に曲がって琵琶湖の方に向かいます。約2km行くと海老江の集落です。海老江公民館には写真のような3段の採水場が整備されています。姉川の伏流水で、

海老江公民館の前にある自噴水

自噴の水量が驚くほど多量で、付近の家でも庭に野菜などの洗い場が設置され、自噴水が生活に溶け込んでいるのがうかがえます。飲みやすく癖もなく、後味のない美味しい水です。

(是恒)

鯖街道

　鯖街道は、福井県小浜市と京都の出町柳を結ぶおよそ70kmあまりの街道です。この街道は別名若狭街道とも呼ばれ、小浜から熊川宿を経て、安曇川沿いに朽木村、花折峠を越えて八瀬・大原を経て出町柳へと続きます。「京は遠くても十八里」という言葉が示すとおり、若狭湾で獲れた鯖を塩漬けにし、夜を徹して京都まで運ぶとちょうどよい塩梅に漬かっていたということからこの名前がつきました。実際には京都と若狭を結ぶ重要な街道で、鯖だけでなく多くの物資が運ばれていました。

　鯖街道はこのほかにも多くの経路がありました。京都への最短ルートとしては「針畑越え」と呼ばれるもので、針畑峠を通り鞍馬を経て京都出町へと続く街道です。現在では針畑峠を通るハイキング姿を見ることができます。また、熊川宿から近江高島市今津へ抜け、西近江路を通るルートや「周山街道」や「栗柄越え」のルートも鯖街道と呼ばれています。

―――――――――― 出町柳〜大原 ――――――――――

高野川をさかのぼる

　　最寄り駅：京阪出町柳〜京都バス大原
　　歩く距離：約12km（ルートの高度は約50m〜230m）

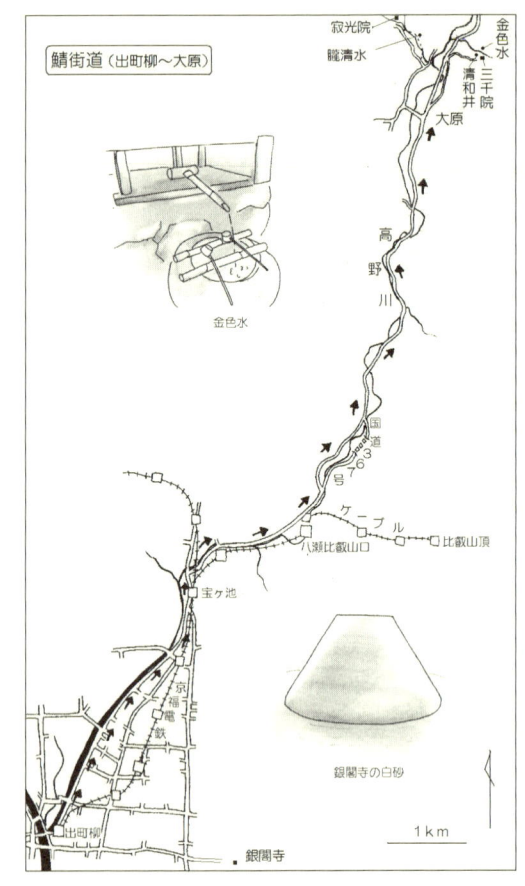

下鴨より賀茂川にかかる出町橋を西へ渡ったところ一帯を、ひろく出町と呼んでいます。旧市内から洛北の村々に至る出入り口に当たるので、この名が生まれたのです。しかし、もとはここから一筋西の寺町今出川付近を称したものでした。ここから北は広野で八瀬大原へ直通していましたので大原口とも呼ばれ、京都七口の1つに数えられていました。高野川に沿って大原までの道は今は国道367号となっていて、これがほぼ鯖街道です。

＜この街道付近の地学的見所＞

◎東山三十六峰

出町柳から東を向くと、東山三十六峰がのぞまれます。一般に北の比叡山から南、伏見稲荷の背山の稲荷山までで、小さな峰の1つひとつに名前がつけられているといいます。

比叡山からの東山の山麓線はほぼ南北方向に走っていて、盆

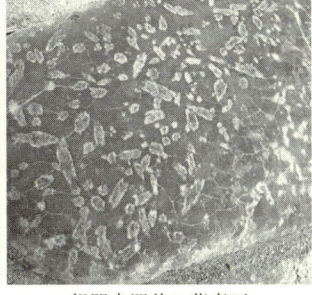

銀閣寺の白砂　　　　　　　銀閣寺門前の菫青石

地・平野から急勾配でそそり立っているように見えますが、これは活断層によって地形が形成されているからです。

◎**銀閣寺（京都市左京区）**

東山の大文字山の麓にある銀閣寺は、正確な名前を東山慈照寺と言います。室町幕府の時に足利義政により建立されました。銀閣寺の庭に敷き詰められている砂は「白川砂」といって花こう岩が風化してできたものです。

山門前の敷石は、ほとんどが近くの山でできたホルンフェルスです。黒地の石に白い斑点模様がたくさん見られます。これは菫青石という鉱物で、桜の花びらの模様のようにも見えることから桜石ともいわれます。

◎**大原（清和井の清水・金色水・朧の清水）**
　　　　（せかい）　　　　（こんじき）　　（おぼろ）

清和井の清水は、もとは三千院の門前跡と来迎院の角にありました。しかし水が涸れてしまったため、今は井戸の跡としてお祀りされているに留まっています。そして新たに漬物屋の「志ば久」の裏の駐車場の隅に湧水が出たため、現在ではこれを「清和井の清水」としています。「志ば久」の店の手前の角に場所を知らせる案内板があります。清和井の清水は、赤ん坊

鯖街道　119

清和井の清水

金色水

朧の清水

を産んだ女性がお乳が出ない時にこの水を飲むと、不思議に良く出るようになるといわれ、清和井の乳水ともいわれています。飲んでみるとまろやかな水で、のどをやさしく潤してくれました。

　金色水は、三千院の中にあります。本堂の西隣りで、わらべ地蔵があちこちでほほえみかけている一角にある弁天池にあります。あたりは苔の美しいお庭が一面に広がっています。金色水は福寿延命の水として有名でしたが、現在では飲用はできなくなっていますので竹筒からしたたり落ちる水で手を濡らして、福寿をお祈りしてきました（『湧き水めぐり3』参照）。

　朧の清水は京都バスの大原バス停から寂光院へ行く道を5分ほど行ったところにあります。石段を降りて橋を渡ってずっと行くと、右側に「朧の清水」の立て札があり、「平家物語（建礼門院）縁の泉」と書いてあります。平家没落後、菩提を弔うために寂光院のそばの庵に住まれた平清盛の二女・建礼門院が、朧月夜にこの清水に映る御自分の姿をご覧になって嘆かれたといわれ、古来歌枕の1つとして知られています。

＜足をのばせば＞

◎大原温泉

　寂光院へ行く道の少し手前の左側に、民宿・大原の里があります。日帰りの温泉を楽しむこともできます。大原温泉は、京都盆地から北東方向に延びる活断層（花折断層）の近くに位置しています。1175mの深さから毎分約120リットルの豊富なお湯が湧き出していて、泉温は27.9度です。　　　　　（別府）

―――――――――――花折峠〜栃生周辺―――――――――――

寛文地震による崩壊跡

　最寄り駅：京都バス花折峠口〜朽木栃生

　歩く距離：約13km（ルートの高度は約600m〜250m）

　花折峠口バス停でバスを降りると、すぐそばに旧道の入り口があります。石碑が立っていますのでわかると思います。ここから花折峠を越える道は遊歩道になっています。このルートは近畿自然歩道「鯖街道・花折峠のみち」の一部となっています。花折峠を越え、大津市葛川中村までは主に旧街道と一部分国道367号を歩いていくことになります。中村を過ぎてからは、国道367号を歩くことになります。

＜この街道付近の地学的見所＞

　◎断層によるＶ字谷地形

　花折峠から北に向かって花折断層と安曇川の侵食作用によってできた見事なＶ字谷地形を見ることができます。花折断層は京都市左京区の吉田山から滋賀県今津町に至る総延長50kmあまり、断層幅100mあまりの大断層です。この花折断層は40万年前あたりに活動が盛んであっ

V字谷地形

たのではないかといわれています。花折峠は京都側に流れる高野川と安曇川との分水嶺で、かつては鯖街道随一の難所といわれた場所です。

　花折峠を境にして北部地域では寛文2年（1662）の断層活動が最も新しいとされています。一方、南部地域では約3500万年前（縄文時代後期）に活動したのが最後ということがわかってきました。

　現在、花折トンネルが完成し、車は通行しやすくなっています。

◎町居崩れ

　花折峠から北に向かって鯖街道（現在の国道367号）を歩いていくと右手側にある山の斜面に大崩壊をした跡が見えてきます。この崩壊跡は寛文2年6月16日午前11時に花折断層と比良断層の活動によって起きたとされる琵琶湖西岸地震（M7）によるもので、大崩壊の跡は「町居崩れ」と呼ばれています。また、崩落した土砂によってできたといわれる高さ100mにもお

鯖街道　123

大崩壊跡

よぶダムは「オンノノ平」として名残をとどめています。

M7という大きさのこの地震は大きな被害を近畿一円にもたらし、葛川梅ノ木町にある普済禅寺にはこのときの犠牲者を弔う慰霊碑が地震発生から100年近く経た宝暦8年（1758）に建立されました。

◎栃生地蔵の湧水

花折峠から坂下を通りすぎ、およそ13km（4時間）ほど歩くと栃生バス停があります。バス停のすぐ近くの道路沿いに栃生地蔵が祀られています。この祠の台座両脇から湧水が勢いよく流れています。祠の後ろは杉林で釣瓶岳の北西山麓にあたり、この付近の地質は中・古生層の丹波層群の砂岩、泥岩、チャートです。この湧水は硬度10と極めて低く、pH6.5の弱酸性です。口に含むとくせのない飲みやすい水です。長い距離を歩いた後の渇いたのどを潤してくれます（『湧き水めぐり3』参照）。

（芝川）

西近江街道

　大津の宿にある札の辻で東海道に別れを告げ、琵琶湖西岸を北陸に向かう街道です。敦賀宿を過ぎ、木の芽峠を越えて今庄で北陸街道と合流しています。かつて、木の芽峠を越える自動車道はなかったですが、2004（平成16）年木の芽峠トンネルが建設されて、自動車が通行できるようになっています。

　古代北陸道の一部であったため、北国街道との違いがわかるようにするため、西近江路という名前がつけられています。主要交通路であり、壬申の乱や藤原仲麻呂の乱、源平合戦にある治承・寿永の乱をはじめ織田信長が朝倉攻めの際には大軍を率いて移動しています。

―――――――――安曇川付近―――――――――

扇状地の平野部

　　最寄り駅：JR湖西線近江高島〜近江今津
　　歩く距離：約13km（ほぼ平坦な道）

　西近江路は大津から琵琶湖の西岸の平地を走るたいへん歴史の古い道です。北陸地方と畿内、都を結ぶ道として重要な役割を果たしてきました。JR近江高島駅から同じく近江今津駅へ歩くと、ちょうど琵琶湖扇状地を横切ることになります。西近江路はJRと高島バイパス（国道161号）の間を北へと走る道で

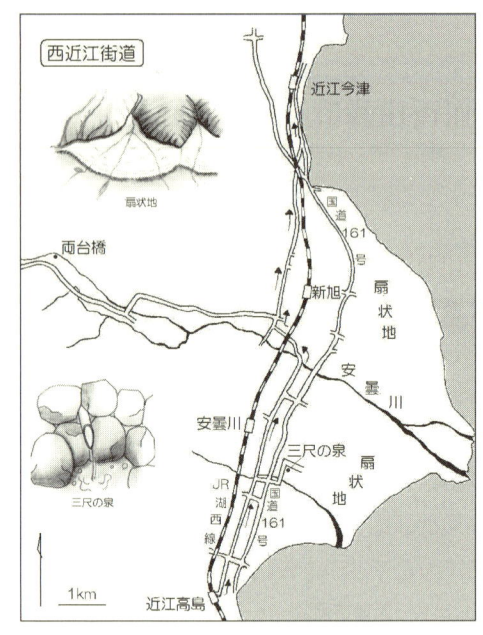

す。JR安曇川(あどがわ)駅は琵琶湖扇状地のちょうど中間あたりです。

<この街道付近の地学的見所>

◎琵琶湖扇状地

　朽木渓谷から流れ出ている安曇川を中心として琵琶湖扇状地ができています。一般に川が山地から盆地など平野部に出たところで流速が落ちて土砂などを堆積することによってできる地形を扇状地と呼んでいますが、このあたりでは、山と琵琶湖の距離が近く、扇状地がそのまま琵琶湖へと張り出してきれいな扇型の平野部を作っています。地図を見ると、琵琶湖の西岸で最も琵琶湖へと突き出した地形になっており、湧水も多く水の豊かなところです。

◎三尺の泉

　JR安曇川駅から琵琶湖へ向かって歩き、国道161号を越えてしばらく行ってから右折（南）すると藤樹神社が右手にあります。ここをさらに南に行った民家の中に藤樹記念館があります。「藤樹記念館前」というバス停がすぐ前にあります。

　この藤樹記念館は江戸時代の陽明学者、中江藤樹の書院跡にあり、その庭の片隅にある湧水が三尺の泉と呼ばれています。

三尺の泉	野洲川の化石林

　この湧水は安曇川の伏流水で、このあたりはいたるところに水が流れている水の豊かなところです。

　この「三尺の泉」の名前は、この書院があった敷地内のもと掘り抜き井戸であったものを改修したところ、再び清水が湧き出、この湧水が美しく見事であるのを見て、門弟の熊沢蕃山が「万里の海は一夫に飲ましむる事あたわず、三尺の泉は三軍の渇きのやむるに足れるといえるものなり」と言ったことに由来するそうです。これは、大海は人の渇きを癒すことはできないが、三尺そこそこの井戸でも万人を癒すことができる、という意味だそうです。

＜足をのばせば＞
　◎両台橋下の植物化石
　JR湖西線安曇川駅から「長尾行き」「朽木学校行き」のバスに乗り長尾バス停でおりるとすぐそばが安曇川です。川原に下りて水際の粘土層が出ている付近を観察すると木の端や葉っぱなどが粘土に埋もれて出てきます。これが化石です。もともと生えていたまま化石となった木もあります。これは化石林と呼ばれます（『化石探し』参照）。　　　　　　　　　　　（是恒）

中山道

中山道

中山道は江戸時代の初めに日本橋を基点とする五街道（東海道、日光街道、奥州街道、中山道、甲州街道）の1つとして整備されました。日本橋から69宿、完成したのは元禄7年（1694）でした。当時は草津の宿で東海道と合流して、宿場は大津、京都三条へと続きました。

江戸初期の整備より前に古くは東山道とも呼ばれ、古代から中世にかけて西国と東国を結ぶ重要な街道でした。戦国時代に武田氏や織田氏によって東山道と東海道を結ぶ連絡道としていち早く整備された経緯があります。

近畿地方内では滋賀県から京都まで柏原宿、醒井宿、番場宿、鳥居本宿、高宮宿、愛知川宿、武佐宿、守山宿、草津宿、大津宿から京都三条と10宿場の跡が残っています。ここでは柏原宿、醒井宿、武佐宿を取り上げます。

―――――― 草津・近江八幡付近 ――――――

近江富士と宿場町

　最寄り駅：JR東海道本線草津〜近江八幡
　歩く距離：約18km（ほぼ平坦な道）

　草津は中山道68次「草津宿」として東海道と中山道が交わる宿場町として賑わったところです。JR草津駅の近くに東海道との交点がわかる「追分道標」があります。また、そのそばには旧草津川の下を通るトンネルがあります。近江八幡は近江商人発祥の地であり、豊臣秀次が城下町として商いの町としての繁栄の基盤を築いたところで中山道66次「武佐宿」があり、今も趣のある街並みを楽しむことができます。

＜この街道付近の地学的見所＞
◎野洲河川敷公園
　守山を過ぎると野洲川です。川原に下りてみましょう。この付近は河川敷公園として整備されています。川原にはいろいろな石が見られます。いずれの石も角が取れて丸くなっています。上流の鈴鹿山地から約30kmも

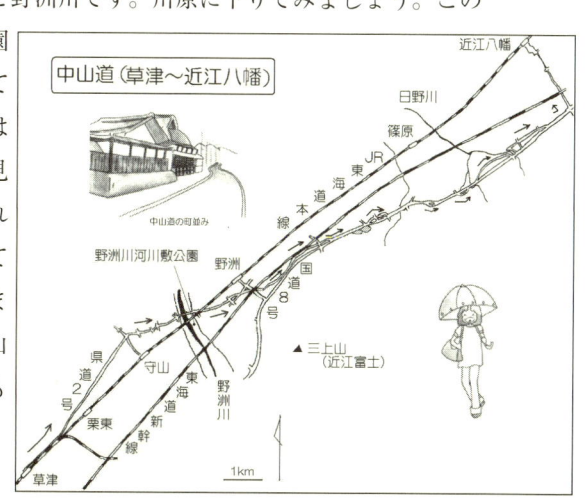

野洲川

運ばれてくる間に角が取れたのでしょう。黒い斑点に見える石は花こう岩の仲間です。つるっとした硬そうな石はチャートと呼ばれる堆積岩です。ほかにもいろいろな種類の石を観察することができます。少し上流の河川敷では象などの足跡化石も見つかっています。

◎近江富士花緑公園（三上山）

標高432mの三上山はその姿が富士山に似ていることから近江富士と呼ばれています。きれいな円錐形の姿は古くから『古事記』に記載され、紫式部や松尾芭蕉も詩に詠み、また中山道を歩く人々にも親しまれてきました。

三上山は約2億年前の堆積岩に約7000万年前に花こう岩マグマが貫入し、その熱で変成作用を受け硬くなった部分が、侵食されずに残った山です。そのためにこの山に接する東側や南側の山はいずれも花こう岩でできています。

山麓には花緑公園があり、花と緑に囲まれた森林公園で、宿泊施設や植物公園などがあり、自然観察や自然体験などを楽しむことができます。

＜足をのばせば＞

◎水郷めぐり

　近江八幡駅北口からバスに乗り「豊年橋」や「円山町」のバス停で降ります。近くから手漕ぎの水郷巡りの船が出ています。船頭さんの手漕ぎで約1時間ほどヨシの合間をゆったりとまわり自然を満喫

水郷めぐりの手漕ぎ船

できます。近江八幡の水郷は2006（平成18）年に重要文化的景観の第1号として選ばれました。ラムサール条約登録湿地の西の湖やそのまわりのヨシ原などの自然環境が、その周辺の集落の簾（すだれ）や葭簀（よしず）などを作るヨシ産業などの生業や近江八幡の地域住民の生活と深く結びついて発展した風景であるという点で意義が認められました。

◎琵琶湖博物館

　JR草津駅から琵琶湖湖畔の方へ県道42号、26号、31号、559号（湖岸道路）を通って行きます。約8kmの距離です。琵琶湖博物館ではおもに人と琵琶湖との関わりをテーマに主に3つの展示がなされています。その中で地学的な情報がわかりやすく展示されているのが展示室Aです。もともとは今の三重県の上野盆地あたりにあった

琵琶湖博物館の石の展示

中山道　131

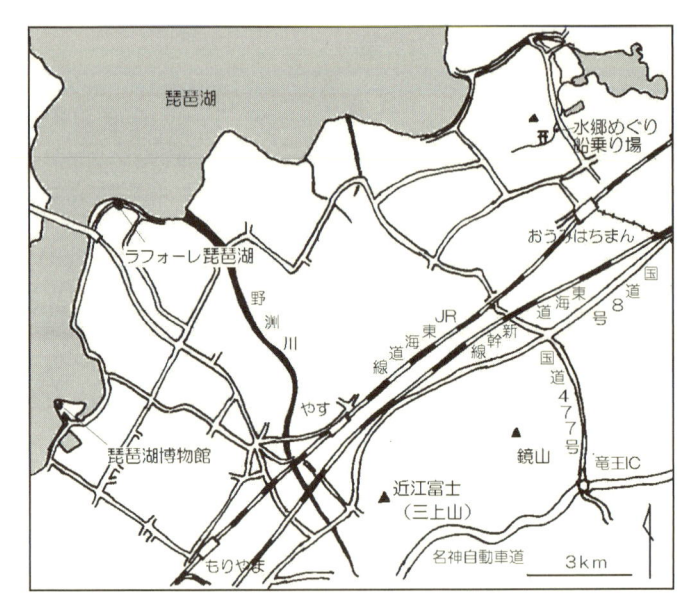

琵琶湖が大きさを変えながら北上して現在の場所に移動してきた変遷や、琵琶湖付近で見られるさまざまな岩石や化石が展示され、実際に触ることもできます。地学の学芸員の方の研究や仕事の様子がわかるような展示も興味深いです。

◎ホテル・ラフォーレ琵琶湖のプラネタリウム

　琵琶湖博物館から湖岸道路を北へ約8キロの距離にあります。最寄り駅はJR守山駅です。ラフォーレ琵琶湖の敷地内にあり、毎日いくつかのプログラムが上映されています。楽しく天体について学べるよう、映画仕立てのものあり、爆笑トークショーありで趣向がこらされています。

◎西堀栄三郎記念探検の殿堂

　第一次南極観測隊の越冬隊長だった西堀栄三郎氏を記念して設立された博物館です。公共交通機関を利用するならJRびわこ線近江八幡駅で近江鉄道に乗り換え八日市駅で下車、僧坊行

きバス（湖東線）で10分、「探検の殿堂」で下車します。

体験コーナーではダイヤモンドダストを見ることのできる装置やオーロラが見られるしくみがわかる装置などがあり、「応用が利く、本当に役に立つ知識は、おっくうがってじっとしていては得られない。必ずそこへ足を運び、自分の手で触り、目で見て、匂いを嗅いだり時に味わったりして、初めて自分のものになる。」という西堀氏の言葉を具現化した施設です。

（是恒）

———武佐宿〜五個荘———

伝説の大森林

最寄り駅：近江鉄道武佐〜五箇荘
歩く距離：約8km（平地）

近江鉄道八日市線武佐駅で下車するとすぐに旧中山道です。街道は道なりに右に曲がりますが、そのまま直進します。500mぐらいで国道421号の八風街道と交差します。この交差点には新しい常夜燈と大きな絵入りの武佐宿説明板があります。

武佐宿場はこの交差点から街道沿いに約3kmが武佐の宿場跡です。町のはずれに老蘇の森があり、新幹線の下を抜けると国道に出ます。しばらく行くと山際の集落がありその街並みを抜けるところに清水鼻の清水があります。すぐに五個荘町の集落です。この付近は古来より交通の要衝で、かつては東山道や伊勢道が通っていました。中世以降近江商人発祥地の1つとして発展し、現在では「てんびんの里」として多くの観光客が訪

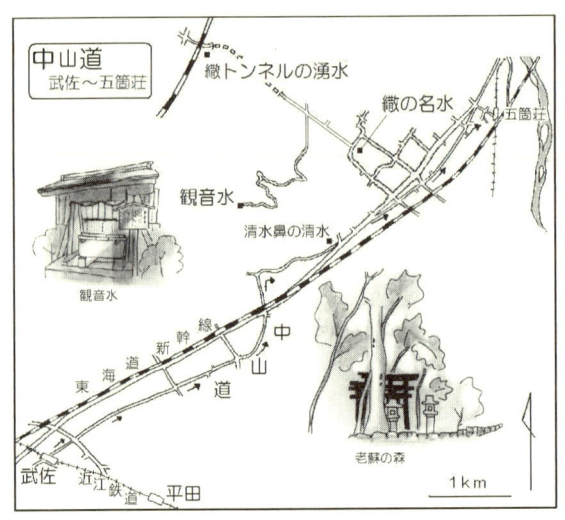

れています。

<この街道付近の地学的見所>

◎ 老蘇の森と地裂け水湧く

伝説によると、この一帯は地裂け、水湧いてとても人の住める土地ではなかったが、神の助けを得て松、杉、檜などの苗木を植え祈願したところ、たちまち生い茂り大森林になったと伝えられています。それが老蘇の森です。

◎ 清水鼻の清水

老蘇の森の傍を通って新幹線の下を抜けて小さな小川を渡ります。三差路を右折して進みます。浄教寺を通り過ぎると日吉神社の参道が左側にあります。参道の横に清水鼻の清水があります。西国三十三所の第三十二番の札所・観音正寺のある繖(きぬがさ)山南麓の清水です。この清水は十王村の水、醒井の水と合わせて湖東三名水に数えられていました。

<足をのばせば>

◎ 繖(きぬかさ)の名水

近くの五個荘観光センターの敷地内に湧出量は少ないが繖の名水があります。かつては名水と呼ばれていたように湧出量も多かったが、琵琶湖の水位が下がると湧出量が下がるようで

す。

◎諏訪神社の巨石

　武佐駅から武佐宿と反対側に国道8号に沿って西に約15分進むと県道14号との六枚橋の交差点です。ここを左折して約1kmで岩倉の三差路です。その左手に進むと諏訪神社の鳥居があります。参道を上りきると諏訪神社です。本殿の奥まったところに3mを超える巨石があります。この石は花こう岩でできています。

諏訪神社の巨石

(平岡)

――― 醒井宿〜柏原宿 ―――

清流に咲くバイカモ

　　最寄リ駅：JR東海道本線醒ヶ井〜柏原
　　歩く距離：約6km弱（ルートの高度は約100m〜170m）

　JR醒ヶ井駅を出ると国道21号が通っていますが、そこを越えて旧道に向かいます。守口商店の角を左に折れると小さな川に出ます。この地蔵川に沿った道を上流に歩いていきます。

　夏には川の中にバイカモ（梅花藻）のきれいな花を見ることができます。この付近が醒井宿で昔の風情が残っています。そのまま旧道（中山道）に入っていきます。一色付近で東海道線と別れて、天野川の支流の梓川（あずさかわ）に沿っていきます。ほぼ北東方向にある高い山が伊吹山です。この山は滋賀県の最高峰で、

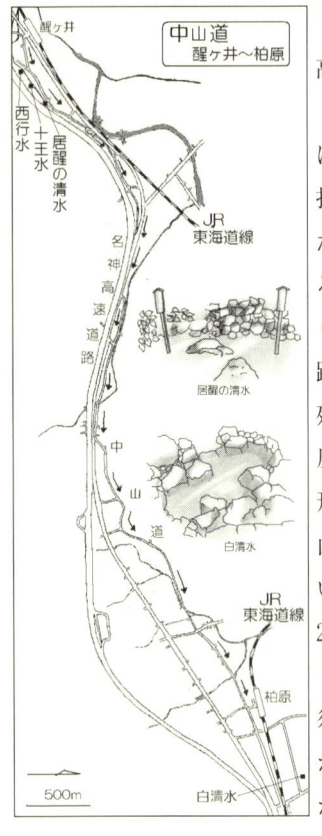

高さが1377.4mあります。

　一色の集落の中を抜けると国道21号に出ます。400mほど国道を歩き左に折れる旧道がありますのでそこからまた山際の旧道を行きます。柏原宿に入る手前に小川(こかわ)の関跡が街道の南側にあります。少し進むと柏原一里塚、本陣跡など宿場ならではの多くの建造物が残されています。このコースはJR柏原駅までです。この付近の中山道は地形的には北部の伊吹山系と南部の霊仙山系に挟まれた谷間を通って造られています。今では中山道と並行して国道21号、名神高速道路、東海道線が通り、交通の要所です。また、県境の今須峠を分水嶺として滋賀県側は天野川から琵琶湖、岐阜県側は揖斐川の支流から伊勢湾に流れ込んでいます。

＜この街道付近の地学的見所＞
◎西行水と水琴窟井戸

　国道21号を渡って三差路を左に進みます。地蔵川にかかる橋を渡ると県道17号です。名神高速道路の手前の交差点を右折し、約250mで道の左側に泡子塚の看板があり、お地蔵さんのお堂と広場があります。奥が崖になっており、下部の岩の隙間から水が流れ出ています。これが「西行水」（子授かりの水）で

す。

広場の左側の奥に石で囲まれ、丸石を積みあげたものがあります。傍にある杓子で西行水をかけて耳を澄ますときれいな音が聞こえます。これは下に水琴窟井戸が埋めてあるからです。心の癒しに使われています。

十王水

◎十王水

西行水から少し進んで橋を渡ると、左側からの道路と合流します。この道路が旧中山道です。道路の右手（山側）

居醒めの清水

に清流が流れています。この小川はすべて湧き水が集まった流れで地蔵川と呼ばれています。

川の中に「十王」と刻まれた石灯篭があります。家と家の間から石灯篭の礎石を包むように湧き水が地蔵川に流れ込んでいます。かつては浄蔵水と呼ばれていましたが、近くにあった十王堂に因み、「十王水」と呼ばれるようになりました。

十王とは死者が冥土で生前の行いによって地獄に行くか極楽に行くかを決める罪を裁く十人の判官のことです。この十王様を祀るお堂が十王堂と呼ばれるもので、かつては多くの村に祀られていました。地方によっては閻魔堂とも呼ばれています。

◎居醒の清水

延命地蔵堂の前で地蔵川を渡ると川幅が少し広がり、採水が

できるようになっています。石垣の下部から多量の湧水があります。この湧き水が「居醒の清水」です。

　ここが地蔵川の源流で、年間を通じて水温が14度前後です。清流にはハリヨが生息し、7〜8月にはキンポウゲ科のバイカモが白い花を咲かせ、多くの観光客が訪れます。また、日本武尊が伊吹山の大蛇を退治しにきた折、その毒気によって高熱にかかりこの清水で冷やして元気を取り戻した伝説が残っています。

　◎白清水(しろしょうず)

　中山道をそのまま進むと照手姫笠懸地蔵(てるてひめかさかけ)、柏原祝碑を越えて踏み切りを渡ります。山裾の道沿いに白清水という湧き水があります。この湧き水は『古事記』にも出てくる歴史のある水です。別名「玉の井」とも呼ばれています。かつて照手姫が水をすくおうと白粉のついた手を湧き水に入れたところ、水が白く濁ってしまったという伝説が伝わっています。

＜足をのばせば＞

　醒井には「醒井の七名水」があります。残りの４名水を紹介しましょう。このコースは西行水より前に選択するようにお勧めします。距離が近い順に天神水、いほとりの水、斧割りの水、鍾乳水です。

　◎天神水

　居醒の清水の裏山の枝折谷の湧き水です。バス停「枝折口」から天神水までが約700m。湧き出した水が池のように溜まっていて、ニジマスが放流されています。村の中の湧き水のために村では生活用水から潅漑用に用いられています。

◎いぼとりの水

　いぼとり地蔵は、いぼに悩む人の身代わりのお地蔵さんとして大切にされています。看板の近くにいぼとり水が湧き出しています。この水は飲用ではなく、いぼのある患部に塗りこむと効くといわれています。

　湧き水が流れ落ちるあたりに水琴井戸が埋め込んであり、快い音色が聴こえてきます。

◎役の行者の斧割り水

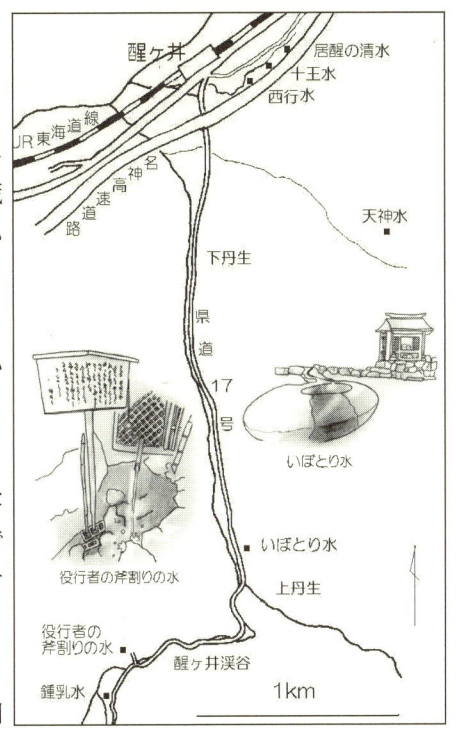

　いぼとり地蔵から丹生川に沿って進むと三差路があります。右折して醒井渓谷に進み、霊仙三蔵記念堂の看板のところを右折すると霊仙三蔵記念堂が見えてきます。山裾の醒井楼別館の入り口付近に斧割り水が湧き出ています。

◎鍾乳水

　醒井養鱒場内に湧き出ている鍾乳水です。入場するときに入り口で尋ねれば教えてくれます。鍾乳水は霊仙山の麓にある鍾乳洞から流れ出ている湧き水で、年間通して水温が12度前後です。

　＊醒井の名水については『湧き水めぐり1』を参考にしてください。

(平岡)

中山道　139

水分れ街道
みわか

　兵庫県丹波市には現在「デカンショ街道」「丹波の森街道」「水分れ街道」の3街道があり、総称して「たんば三街道」と呼ばれています。その中の1つである「水分れ街道」は国道175号の経路の中で丹波市内を通過している部分になります。名前のいわれは日本一低い分水嶺が石生駅そばにあり、町おこしとして活躍していることに由来します。

―――――――――柏原付近―――――――――
かいばら

日本一低い分水界

　　最寄り駅：JR福知山線石生〜谷川
　　歩く距離：約12km（ルートの高度は約100m〜150m）

　JR福知山線石生駅から同じく福知山線谷川駅付近までを歩きます。「水分れ街道」は国道175号の丹波市山南町から水分れを通り京都府福知山市に抜ける幹線道路です。今回は地学的見所に寄り道しやすいよう、水分れ街道を少し歩いたあと、国道176号と県道86号を歩きます。
いそう

　JR福知山線石生駅を出て20mほど南に下ってから左折すると「水分れ街道」（国道175号）に出ます。そのまましばらく南へ進んでいくと「水分れ」という交差点に出ます。ここを左折して10分ほど歩くと水分れ公園です。

「水分れ」交差点からJR福知山線に沿うようにして176号に入り3kmほど南へ進むと柏原駅に出ます。柏原駅からそのままさらに南へ10分少々進むと「円城寺」の交差点に出ますので、ここから86号です。さらに5kmほど歩くと、谷川駅のやや西方に出ます。そこからそのまま86号を進み、橋を越えて「久下小学校北」交差点から久下小学校を左手に見ながら丹波市役所山南支所を目指します。「丹波竜化石工房」は山南支所敷地内にあります。

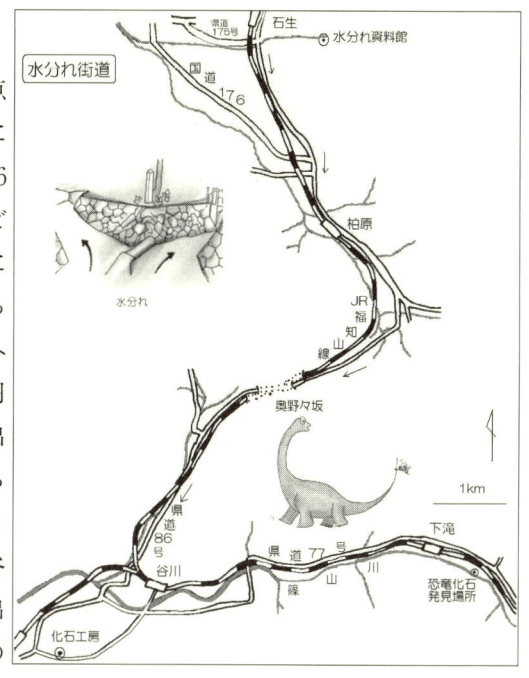

＜この街道付近の地学的見所＞

◎水分れ──標高95mの分水界

　日本列島にはちょうど背骨のように南北に山脈が連なっているので、本州に降った雨は山脈の尾根を境に太平洋側か日本海側のどちらかに流れていきます。この境目を分水界と言います。ここの分水界は海抜100m前後で日本一低いところにあるので有名です。上流から流れてきた水は、水分れ公園を境に由良川（日本海へ）と加古川（瀬戸内海へ）に分かれて流れていき

ます。

◎丹波竜化石工房「ちーたんの館」(丹波市山南町谷川1110)

2006(平成18)年8月、丹波市在住の地学愛好家・足立さんが旧友の村上さんと丹波市山南町上滝の川代渓谷の篠山層群(白亜紀前期)の泥岩層の表面から灰褐色の突起物を発見しました。恐竜の化石にちがいな

水分れ

いと考えた足立さんが「人と自然の博物館」に持ち込んだところ研究員によりこれが恐竜の化石であると判断されました。この恐竜の化石には「丹波竜」というニックネームがつけられ、その後何度も採掘調査が行われ、今後も調査は行われる予定です。良好な状態で全身の骨格が発掘される可能性が高いこと、またこの年代の恐竜の化石で発掘されているものが世界的に少ないことから貴重な資料になると考えられています。

丹波竜化石工房「ちーたんの館」(ちーたんは丹波竜のマスコットキャラクター)では、まず丹波竜の化石のレプリカで作成された骨格図の大きさに驚かされます。実際に発掘された化石が恐竜のどの部分かがわかるように貼り付けられているので、現在、丹波竜がどこまで発掘されクリーニングできているかが一目でわかるように展示されています。

<足をのばせば>

◎恐竜化石発見場所

　JR下滝駅の南東約1.5kmの篠山川の河床で2006年に前述の地元の化石愛好家によって恐竜化石が発見されました。この恐竜が全長13mもあるティタノサウルスであること

丹波竜発掘場所

がわかりました。その後も毎年発掘調査が行われ、一体分の体の骨と頭が発掘されるなど、国内では例を見ない発見となりました。

　土・日曜日、祝日に行くと採掘現場見学者用駐車場の片隅で発掘体験ができるほか、農産物や恐竜グッズなどの店が出ます。また、採掘現場のそばには資料館があり、その2階から発掘現場を窓越しに見ることができます。

◎石龕寺（せきがんじ）の清水

　谷川から県道77号を西に行き、「井原」の交差点を右折、ずっと上がった突き当りに石龕寺があります。この参道の右側に、利用はできませんが「大槽谷の水（おおふねたに）」と呼ばれる湧水があり看板が立っています。この看板の説明によると、この谷に大槽という清水を湛えた岩の凹みがあり、聖徳太子がその水で毘沙門天像を洗われたところ、水がいつまでも黄金色に輝いていたそうです（『湧き水めぐり2』参照）。　　　　　　　（是恒）

水分れ街道　143

古代の街道

　飛鳥時代には藤原京と平城京を結ぶ直線道路が建設されていました。それは奈良盆地内を南北に結ぶ３本の広い官道（下つ道、中つ道、上つ道）でした。また、難波宮と結ぶ道（横大路、丹比道、難波大路）も造られました。これらの道は幅が40mほどもある直線の道でした。

　奈良・平安時代になると中央と地方を最短距離で結ぶ官道が整備され、重要な情報伝達に利用されました。当時の中央と地方は５畿７道に分けられ、７道（東海道、山陽道、山陰道、北陸道、南海道、西海道、東山道）に向かう道がそれぞれ道の名前として使われました。５畿は畿内で大和、山城、摂津、河内、和泉の国です。

　平安時代には荘園制が発達し、中央の力が弱くなるとこれらの官道はその維持が困難になり幅も次第に狭くなって６mくらいに狭められ、急速に衰退していきました。11世紀にはほとんどなくなり、現在残っている旧街道はいずれも江戸時代に整備されたものです。

　その古代の官道の中で残っているものもあります。それは畿内の飛鳥と河内を結ぶ横大路、現在の竹内街道です。

　竹内街道は現在の国道166号にほぼ沿って、堺市大小路から松原市、羽曳野市、太子町を経て竹内峠を越え、奈良県に入り葛城市の長尾神社に至る古代の官道でした。また、難波宮から南へ延びる大道が堺市金岡付近で合流し、この竹内街道を経て

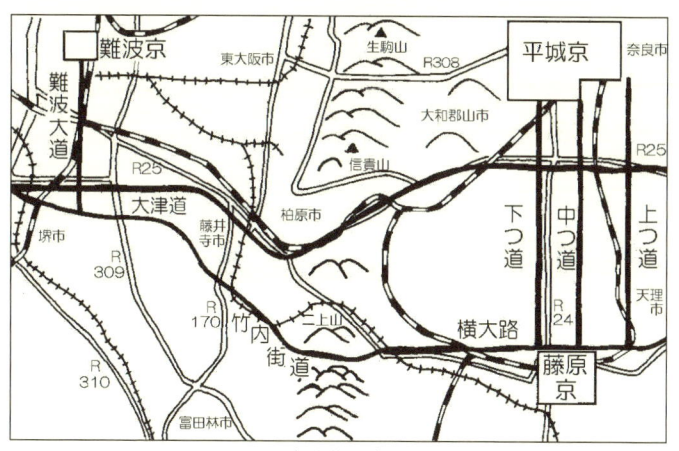

飛鳥時代の官道

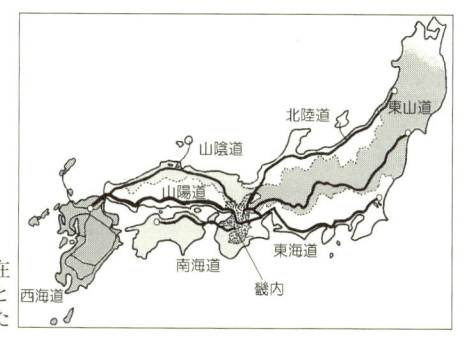

全国を朝廷所在
地周辺の畿内と
7道に区分した

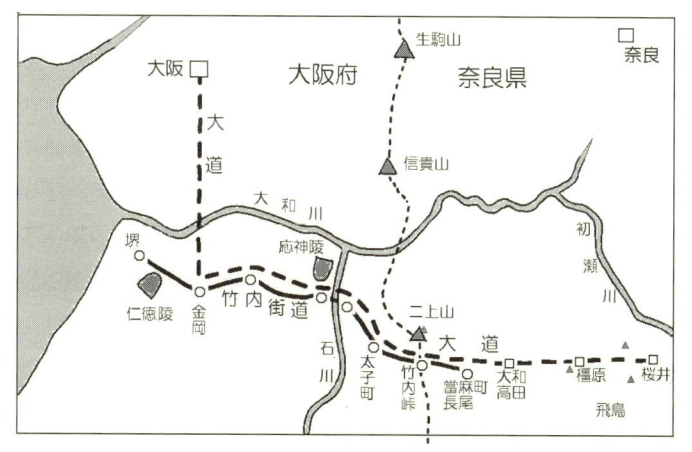

飛鳥の横大路に接続していました。

――――――竹内峠周辺――――――

竹内街道を歩く

　最寄り駅：近鉄南大阪線上ノ太子～磐城
　歩く距離：約8km（ルートの高度は約50m～300m）

　竹内街道と大道の共通区間の中で、太子町から葛城市長尾までを歩いてみましょう。
　近鉄南大阪線上ノ太子駅で下車すると国道166号が駅前を通っています。この道を東へ歩いていきます。春日北の交差点、六枚橋交差点、太子町交番前交差点をすぎると次第に上り坂になっていきます。一本道ですからわかりやすいのですが、歩道のないところがありますので車に気をつけてください。竹内峠（288m）に着くとそこから東は奈良県で、あとは下りで

竹内街道の集落

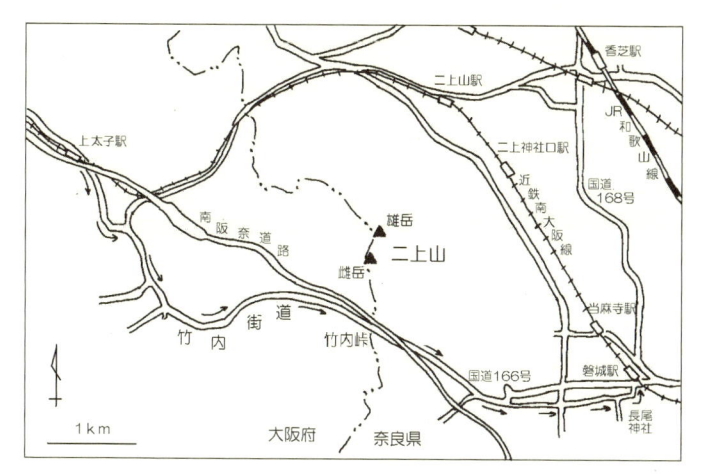

す。峠から700mほど行ったところで右に入る道がありこちらが旧道です。ここからは集落の家々の中を抜けていきます。1.5kmほど行くと長尾神社です。その近くが近鉄南大阪線の磐城駅です。

　この道は歴史街道の表示が整備されているのでそれにしたがって歩いてください。今年（2013年）はこの道ができて1400年になるとのことです。

＜この街道付近の地学的見所＞
　◎竹内峠と二上山
　このコースのちょうど中頃に大阪府と奈良県の県境に当たる竹内峠があります。この峠のすぐ北には二上山がそびえています。奈良県側から見ても大阪府側から見てもきれいな二こぶラクダの背の形のように見えます。
　この山は1つの山でいろいろな種類の火山岩を見ることができる珍しい山です。玄武岩、安山岩、流紋岩、凝灰岩などで

古代の街道　147

奈良県側から見た二上山（右が雄岳、左が雌岳）

す。今から約1500万年前に瀬戸内火山帯の活動がありそのときには火山として活発な活動をしていました。同じ火山帯には室生付近、大和三山、屋島、小豆島の火山があり同じように火山活動が起きていました。現在の地形は当時の火山活動の地形を残しておらず、侵食作用によってできた地形が今の形です。二上山の火山岩にはガーネットが含まれていることや、サヌカイトと呼ばれる真っ黒な緻密で硬い石が出るのが特徴です。ガーネットはかつて研磨剤として採掘されていました。サヌカイトは石器の材料としてここから地方へも伝わっていきました。

(柴山)

街道と活断層

関西の街道は歴史が古い

関西は古くから都が置かれ、神社やお寺も古くから祀られてきました。このような古くから文化が発達した地域では、地域同士で行き来が盛んに行われました。その行き来した道が街道です。

石器時代には大和の二上山に出るサヌカイトと呼ばれる固い石が石器として広く各地に古代の道を利用してひろがって行きました。平安鎌倉時代の熊野詣や江戸時代のお伊勢参り、高野山参詣など神社やお寺をめぐる旅路として、また都への物流のための生活道としてなど多くの街道が発達しました。

これらの街道は時代が変わって街道筋の町の盛衰に変化があっても、そのルートはほとんど変わることなく現在でも流通の基本になっています。

活断層とは

兵庫県淡路島の野島断層のように、地震が起きて地面が動き、地面が割れて段差ができたのを見ると、確かに断層が本当にできるということが納得できます。

このような地面が割れて上下にずれたり、左右にずれたりした場合にその割れ目を断層といいます。断層は過去に地震があったことを表しています。

断層でも最近活動したと思われる断層を活断層といいます。

最近とはいつまでのことを指すのでしょうか？　まだ定説はなく、これまでは約10万年以降といわれてきました。

断層の種類

　地面が断層によってずれる場合、次の３つの種類があります。

①正断層　引っ張りの力が働いたときにできる断層で、断層面の上の地盤がずり落ちます。

②逆断層　圧縮の力が働いたときにできる断層で、断層面の上の地盤が乗りあがってきます。

③横ずれ断層　断層に沿って水平方向に地盤がずれてできる断層です。これには右横ずれ断層と左横ずれ断層があります。

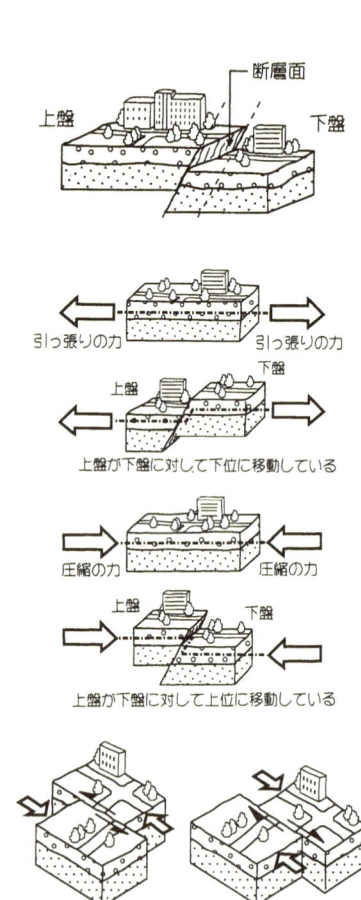

断層と街道の関係

　断層のある場所は岩石が割れたりしているため、地盤が弱くなっています。そのためそのような部分は雨や流水の侵食を受けやすく、断層に沿って細長いくぼ地ができたり、そこを水が流れて川になったりしていきます。断層は直線状にできることが多いためこのようなくぼ地も直線状にできます。しかもその細長いくぼ地は高度差も少ないのです。

　このようにしてできた地形は、人が移動するときにたいへん便利です。直線状であることから最短距離で移動するコースになるほか高度差が少ないので負担も少なくなります。上り下りをせず回り道もせず目的地につくことができるわけですから、人や物の移動、巡礼や参詣などの外的要因と一致して、車や鉄道がなかった時代は、人々は当然このようなルートを選んで利用したことでしょう。このため、街道は断層に沿って通っていることが多いのです。

断層のところではこのような直線状のくぼ地形になるため、ここを街道として利用した

主な活断層と街道

活断層と街道の関係がよくわかるところをいくつか紹介します。

1. 北国街道に沿って
   柳ヶ瀬断層

滋賀県の鳥居本の宿で中山道から離れ北陸に向かう街道が北国街道です。木之本から国道365号に沿って北上すると狭い谷間が続きます。この直線状の谷間が柳ヶ瀬断層に当たるところです。今ではこの狭い谷間を国道や高速道路や鉄道が平行して通っています。

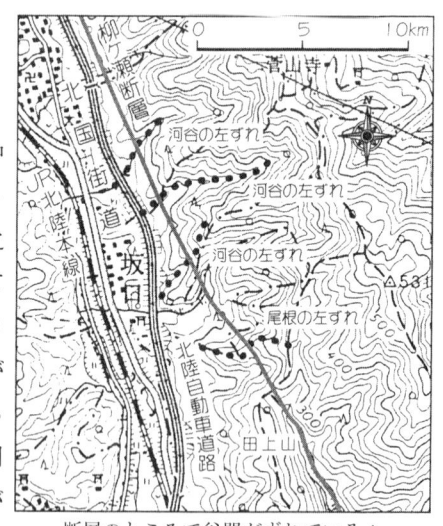

断層のところで谷間がずれている＊

2. 中山道に沿って　関ヶ原断層

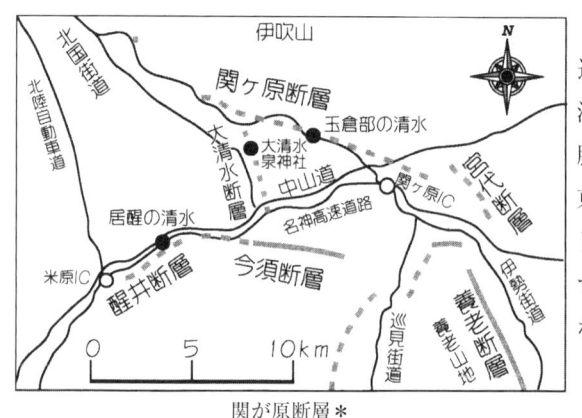

中山道は東海道とともに京と江戸を結ぶ大動脈の1つです。東海道に比べ険しい山道を越えていかなければならない道です

関が原断層＊

が、東海道のように大きな川の渡しで待たされることがないため、よく利用されてきました。

関ヶ原付近は北の伊吹山地と南の養老・鈴鹿山地を切るように狭い谷地形があり、これが関ヶ原断層によって造られたものです。今でもこの狭い谷間を中山道、国道、高速道路、新幹線が平行して通っています。

3. 鯖街道に沿って　花折断層

日本海小浜の港に水揚げされた海産物を京の都に早く届けるための街道として平安時代から利用されてきました。朽木村から花折峠までの直線状の狭い谷間が鯖街道です。この直線状の地形はここを花折断層が通っているためにできた地形です。街道が直線になっているので、より早く京の都に海産物を運ぶことができました。

4. 西近江路に沿って　琵琶湖西岸断層系

大津の宿と北国を結ぶ重要な街道の1つです。琵琶湖の西岸に沿って比叡山、比良山、蓬莱山、武奈ヶ岳などの山々が続きますが、それらの山の琵琶

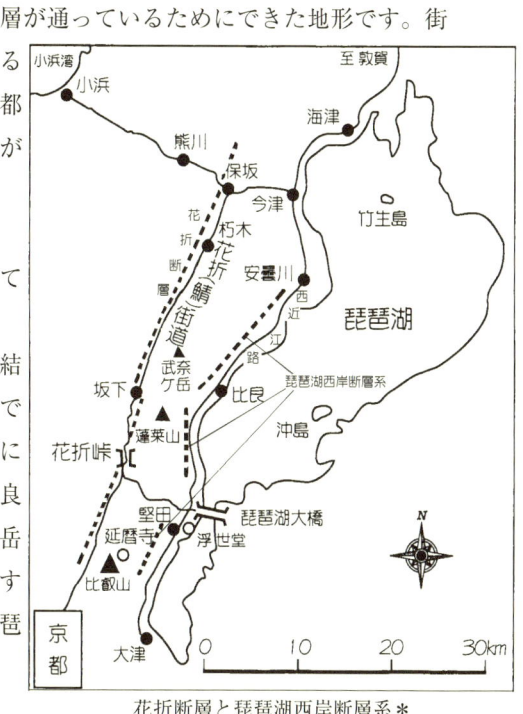

花折断層と琵琶湖西岸断層系＊

湖側は急な崖になっています。これは断層の影響でできたものです。そのため崖の麓は直線状の地形になっています。そこを街道として利用してきました。

5．西国街道に沿って　有馬－高槻構造線

　西国街道は現在の京都から西宮へ、島本町、高槻市、茨木市、箕面市、伊丹市を経て西宮市へ向かう街道で、国道171号に沿った道がそれに当たります。この街道に沿って有馬－高槻構造線（断層の規模が大きいもの）が存在しています。有馬－高槻構造線は千里山丘陵と北摂山地の間に直線状の溝状の地形として現れています。このような直線状の地形が街道として利用されたのでしょう。

6．西国街道に沿って2　伊丹断層

　西国街道が伊丹市を通過する付近に伊丹断層があります。伊丹断層は伊丹台地上の平坦部に段差のある直線状の崖として現れています。

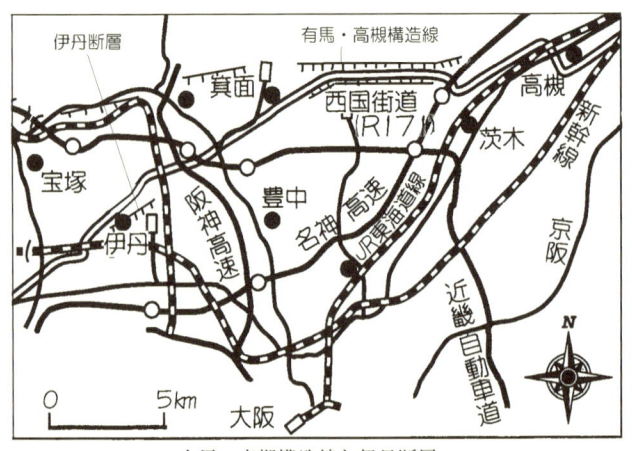

有馬・高槻構造線と伊丹断層＊

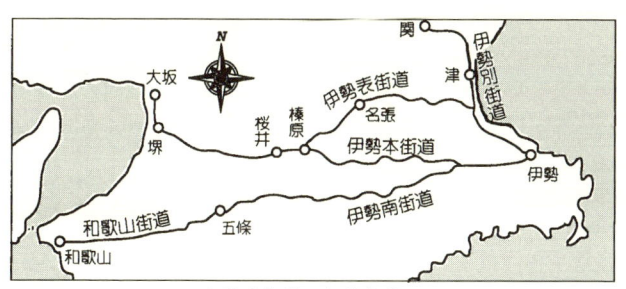

和歌山街道・伊勢街道＊

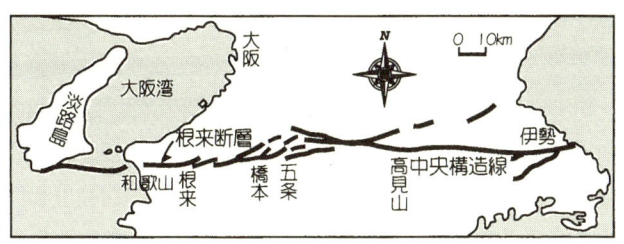

中央構造線＊

7．伊勢街道（和歌山街道）に沿って　中央構造線

　和歌山県の北の端に紀ノ川が東西にほぼ直線状に流れていますが、この川に沿って中央構造線が通っています。

　また奈良県ではこの川の続きとして吉野川がやはり東西に流れ、ここでも中央構造線が通っています。

　構造線に沿って川が流れ、また川によってできた直線状の谷間を和歌山街道や伊勢街道が発達しました。

8．東高野街道に沿って　生駒断層・交野断層

　京都から高野山参詣を目指してできた街道が東高野街道です。南北に伸びる生駒山地の裾野を縫うようしてこの街道が通っています。生駒山地の大阪側は奈良県側に比べて急な傾斜

街道と活断層　155

の崖になっています。これは裾野を生駒断層や交野断層が通っていてその断層崖が、大阪側の急な斜面を造りました。そのため裾野はほぼ直線状になっているので、そこを街道として南の高野山に近い道としてこの街道が発達したのでしょう。

東高野街道と生駒断層・交野断層

9. 山の辺の道に沿って

奈良盆地東縁断層帯

　山の辺の道は歴史上最古の道の1つといわれ、『古事記』や『日本書紀』にも登場します。奈良盆地の東側を春日山から高円山、三輪山の麓を通り、桜井市海柘榴市(つばいち)まで、約35kmの道程です。これらの山々は東の方へ大和高原として広がり、その高原の西の端にも当たります。この大和高原と奈良盆地の境界は南北に続く直線状の崖を造っていて春日断層崖ともいわれます。この直線状の境界部分には南北に平行した数本の断層が通っています。それらを総称して奈良盆地東縁断層帯と呼ばれています。　　　　　　　(柴山)

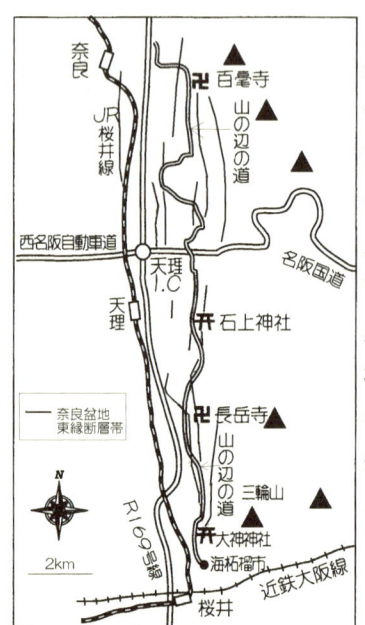

南北の実線が奈良盆地東縁断層帯

おわりに

　旧街道を歩いていると同じように街道を歩いている人によく出会います。またインターネット上にもたくさんの方が街道を自身で歩いた記録が載せられています。なぜこのように多くの人が街道に魅せられるのでしょうか。歩いてみるとわかるのですが、何かほっとするような感覚を感じることがあります。それは効率や速度を重んじる現代の生活から距離をおけることでもあるのかと思います。その他にもいろいろな理由で街道を歩く方もあるでしょう。

　本書は街道を歩きかつてこの道がよく利用されていた頃に思いを寄せ、さらに地学の見所に寄ることでもっと時空を広げていくことができればとの思いで作りました。

　編集に当たり多くの方の協力を得ました。特に記しませんが、街道関係の書籍やインターネット上の街道関係のホームページなどを参考にさせていただきました。また街道と活断層の関係については本シリーズ関西地学の旅2『街道と活断層を行く』（品切）の図を一部使用しました（図に＊印があるもの）。執筆者である平岡さんと芝川さんには全体の原稿の整理などにも多くの時間を割いていただきました。また香川さんには複雑な地図をわかりやすくイラストを含めて書いていただきました。東方出版の北川幸さんには本書の構成から編集まで大変ご苦労をおかけしました。これらの方々に感謝の意を称したいと思います。

　　2013年9月　　　　　　　　　　　　　　　　柴山元彦

＜編著者＞

柴山元彦（理学博士）
自然環境研究オフィス代表

＜執筆者＞（アイウエオ順）

安部博司	芝川明義
池田　正	柴山元彦
榎木育子	富田衣久子
太田和良	平岡由次
香川直子	藤原真理
是恒孝子	別府邦子

＜地図・イラスト作成＞

香川直子

関西地学の旅⑩　　**街道散歩**

2013年11月22日　　初版第1刷発行

編著者──自然環境研究オフィス
発行者──今東成人
発行所──東方出版㈱
　　　　〒543-0062　大阪市天王寺区逢阪2-3-2
　　　　TEL06-6779-9571　FAX06-6779-9573
装　幀──森本良成
印刷所──亜細亜印刷㈱

ISBN978-4-86249-225-8　　　乱丁・落丁はおとりかえいたします。

関西地学の旅9　天然石探し
自然環境研究オフィス　1500円

関西地学の旅8　巨石めぐり
自然環境研究オフィス編著　1600円

関西地学の度7　化石探し
大阪地域地学研究会　1500円

関西地学の旅4　湧き水めぐり1
湧き水サーベイ関西編著　1600円

関西地学の旅5　湧き水めぐり2
湧き水サーベイ関西編著　1600円

関西地学の旅6　湧き水めぐり3
湧き水サーベイ関西編著　1600円

森のハヤブサ
ナニワの空に舞う
与名正三［写真・解説］　1500円

親と子の自由研究
家の近くにこんな生き物⁉
太田和良　1200円

＊表示の値段は消費税を含まない本体価格です。